加藤諦三
Taizo Kato

子供にしがみつく心理

大人になれない親たち

毎日新聞出版

はじめに

子供の研究家として名高いジョン・ボウルビィは「親子の役割逆転」という言葉を使っている。

「親子の役割逆転」とは、親が子供に甘えることであるが、子供が親に甘えるのが自然である。それが逆転しているという意味である。

本来、親が子供の甘えの欲求を満たしてあげなければいけない。それなのに逆に子供が親の甘えの欲求を満たしてあげる役割を背負わされる。

子育てで大切なのは、子供の自慢話を聞くことである。

ところが子供が親の自慢話を「凄いなー」と感心して聞かなければならない時がある。これが「親子の役割逆転」である。親が子供に甘えている。

親の自慢話を子供が聞いて褒めてあげる。子供にとって辛いことだが、これが「親子の役割逆転」である。

母親が料理を作る。

子供が「わー、美味しい」と言わないと母親が不満になる。

父親が車を買う。

子供が「わー、かっこいい」と言わないと父親が不満になる。

親の自慢話を聞くことが子供の役割になってしまう。

つまり本来、親の愛を必要としているのが子供であるが、親が子供にこの「必要な愛」を求める。

こうなると子供は愛されていないというよりも、愛を搾取されている。

「親子の役割逆転」の親に子育てが出来るわけがない。そのため子育てに失敗して、子供が問題を起こす。

すると母親は「子供にはいつも手料理を作ってあげました」と言う。

「親子の役割逆転」をしている場合の問題は、親の方が自分は望ましい親だと思っていることである。

それは親子の一体感が望ましいと思っているからである。しかし子供が母親に一体感を求めているのではなく、母親が子供に一体感を求めている。

母親は一体感を求める心の裏に不安があることに気がついていない。ボウルビィの言う不安定性愛着である。母親は一体感を求める心の裏に子供への甘えと支配欲が隠されていることに気がつかない。

「親子の役割逆転」をする親は、自分が小さい頃に親と一緒にしたかったことを、子供と一緒にしてしまう。親の愛情飢餓感が子供に襲いかかる。

小さい頃、家族旅行に行きたかった、でも行けなかった、そこで親になって家族旅行に行く。

つまり経済的、肉体的、心理的に自立出来ていない子供を使って、親は自分の「昔の心の傷」を癒している。

子供は、親のぬいぐるみになっている。

「親子の役割逆転」をする親は、子供を「揺りかご」にする。親は自分が子供時代に十分に揺りかごを揺すってもらえなかった。

その欲求不満を、自分の子供で満たそうとしている。

子供に「揺りかごを揺すれ」と要求しているのが「親子の役割逆転」である。

そして「親子の役割逆転」の特徴は、本質的なことが全て隠されていることである。

「親子の役割逆転」は親の無意識の必要性で子供を育てることである。子供は親の心の葛藤を解決する手段になった。つまり子供にとっては最も望ましくない成長環境である。

基本的欲求とは母なるものを持った母親の愛を求める欲求である。

この基本的欲求が満たされていないままで親になると、親は子供に対して「親子の役割逆転」をする。

「親子の役割逆転」をする親にとって、子供が母親になってしまう。

子供が母親にしがみつくように、親が子供にしがみついている。


ナルシシストが結婚して親になったからといって幼児的願望は消えるというものではない。

親になったら今度は子供との関係で自分の幼児的願望を満たそうとする。

ナルシシストの親は子供との関係で自分のナルシシズムを満たそうとする。つまり子供が親である自分以外の人のことを認めたり、誉めたり、なついたりすることで傷つく。

それがボウルビィのいう「親子の役割逆転」である。

幼児的願望が満たされていない親は、子供に甘える。子供が自分以外の人を誉めると傷つく。そこで怒る。怒れないときには拗ねる。

これが親の不機嫌である。

本来、親が子供の甘えを満たさなければならないが、その親子の役割が逆転する。つまり子供が親の甘えを満たさなければならない。

親はまず子供の気持ちを汲み取ることが大切である。

子供は辛くても自分の気持ちを理解されると安心する。そこで気持ちが楽になり、発奮する。

「親子の役割逆転」では、親が子供に自分の気持ちを汲み取ることを求める。

依存心の強い親はどうしても心に葛藤を持つ。その自らの心の葛藤という現実に直面できない。

「親子の役割逆転」は親が自分の心の葛藤に子供を巻き込むということである。

「事件に巻き込まれた可能性がある」と言えば、警察は出てくるが、心の葛藤に巻き込まれたということでは警察は助けてくれない。

「親子の役割逆転」では、親が子供を攻撃する。

「親子の役割逆転」をする親は家を造ったが、誰も家に入れたくない。自分の家があるけれど共同体としての家族がいない。

目次

第4章 子育ての裏側で

第5章　真実を見るということ

子供にしがみつく心理
大人になれない親たち

装丁　bookwall
装画　優

第1章　親子が入れ替わる時

１　親の役割

親になるということは相手に何かを求めることではなく、与えることとの喜びを味わえる人間になっているということである。「あれをして」「これをして」と言うのではなく、子供がそういうわがままを言うことに対して、それを満足させてあげる立場になるということが、親になるということである。

親の立場は「俺はもっと遊びたいよ」と言うのではなく、子供のそういう要求をかなえてあげる立場である。自分が遊ばないで働きながら、子供の遊びたい願望をかなえてあげる立場である。

だから多くの人は心理的に親になれない。しかし現実には結婚し、肉体的には親になってしまう。親になればどうしようもなく社会的に親の役割を担わされる。

そこで実は現代の親たちの中には、無意識では「親になるのは嫌だ、親になるのは嫌だ」と叫んでいる人が多くいる。「俺はまだ子供でいたいよ」と叫んでいる。

しかし現実はその叫び声を無視して、子供も社会もその人に親の役割を果たすことを迫る。

そしてほとんどの人はこの自分の心の底の叫び声を聴いていない。自分の心の底の叫びに耳を傾けない。自分が自分を理解していない。自分が自分を分かっていない。気づいていない。

だから子供の言動に不満になるのである。だから子育てノイローゼになるのである。自分はまだ心理的に親の資格がないのだと自分を理解するのではなく、周囲の世界に責任転嫁する。

小さい頃愛されなかった人は大人になっても、自分勝手な甘え、身勝手なわがまま、自己中心的欲求、注目がほしいという脚光欲求、時間を気にしないで遊びたいという欲求、そんな様々なものが残っている。

生まれたままの強い欲求だから、そのわがままは骨の髄まで染み込んでいる。

小さい頃愛されなければ、大人になっても、わがままでどうしようもない小さい子供と同じ幼児性が消えないで残っている。

十分に子供の頃に遊んでいなければ体の中からその欲求は消えていない。

愛されもせず、厳しく躾られもせず、十分に遊びもしない人は、肉体的、社会的に大人になっても心理的には無責任な子供のままなのである。それを大人という表紙で包んでいるだけである。中味は甘え切った無責任な依存心の強い子供なのである。

さてその子供が父親になり、母親になってしまった。それで子供に「生きる喜び、与える喜び」と言っても、とても、とても無理な相談である。だから子育てはうまくいかないで当たり前なのである。

子育てがうまくいっている人が、自慢して他の人を非難する資格があるとも私は思えない。

子育てに失敗した人を責める前に自分の幸せな過去に感謝すべきであろう。

だからといって子育てに失敗した人は堂々としていていいというのではない。

やはり自分は親の資格がなかったということは反省してしかるべきであろう。

もし十二歳で結婚して父親になった人がいれば周囲の人はどう言うだろう。

「可哀想に、まだ遊びたい時期なのに」と言うのではなかろうか。

「あの人には父親は荷が重いわよ」と言うのではなかろうか。

しかし実は現実の父親の中には心理的には十二歳どころか六歳以下の人もいる。

肉体的年齢や社会的年齢は見えるが、心理的年齢は見えない。そこが問題なのである。

三十五歳だからといって子供と同じような「遊びたい時期」が終わっているわけではない。終わっている人は幸せな人であり、終わっていない人は不満な人である。

五歳の頃から親の心理的面倒を見てきている子供もいる。遊びたい時期どころの話ではない。それが「親子の役割逆転」ということである。

アメリカにいた時に土産物屋で買った紙に“as I grow”という詩が載っていた。

そこに「私に注意を向けてください、そして私と一緒に時を過ごしてください。そうしたら私は自分が重要で、価値ある人間であると信じられます」(Pay attention to me, and spend time with me. Then I can believe that I am important and worthwhile.)という言葉があった。

これは子供が親に訴えている詩であるが、実は情緒的に未成熟な親の訴えでもある。親もこのような叫びが子供の頃に聞き入れられなかったので、今現在も心の奥深くではこれと同じ叫びをしているのである。

自分自身が心の奥底でこのような叫びをしながら、子供のこの叫びを聞いてあげることは並大抵なことではない。

父親の資格がないと責められても仕方ない、母親の資格がないと責められても仕方ない。実際に資格はないし、親の責任感もない。

その現実を直視することから出発しない限り、子供を成長させることも、自分を成長させることもできない。

もし子育てがうまくいかない時には、何よりも親が自分の幼稚さを認めることである。

「残念ながら自分は立派な親ではない」と認めることを拒否すれば最低の親になる。

少なくとも「自分は立派な親ではない」と認めれば最低の親になることだけは避けられる。

もちろんそこに居直っていいということではない。また「自分は駄目な親だ」と自分を責めることではない。居直ることでも、嘆くことでも、絶望することでも、哀れみを求めることでも、責めることでもなくただそう認めることである。

そしてそこから出発することである。

親が自分の幼稚さを認めることを拒否すれば、どうしても子供を責めることに落ち着いていく。

「親子の役割逆転」をする親は、自分自身の幼稚さゆえにうまくいかない親子関係について「おまえは駄目な子供だから」というような理屈を言う。

２　自分を認められない

幸せになるためには、自分を磨くことである。自分を磨くとは、こういう自分だけれども努力することは努力しようということである。こういう親だけれども努力することは努力しようということである。

そこから本当の親子関係が始まる。

これは親子ばかりではなく友人についても同じことである。自分が心のふれあえない人間なら、自分を変えなければ優しい友人も逃げていく。友人も寂しいのだから心のふれあいを求めている。

ありのままの現実の自分を認めない人は幸せになれない。幸せとはあるがままの自分を愛せることである。実際の自分とはその人の顔であり、その人の能力であり、その人の体である。「あるがまま」が許される、それが幸せである。失敗しても、それでいい。そうなれば人間関係もお互いに嘘がない。

相手に不満だけれどもお互いに自分の本音を言わない。自分に対しても他人に対しても本音を言わなくなったら幸せとは程遠い。

いくらお金があって社会的地位があっても本音の付き合いが出来ない人は不幸である。

「今の自分でいいんだ」という無理のなさが幸せを呼ぶ。社会的な成功は能力かもしれないが、幸せは「今の自分でいいんだ」という無理のない気持ちにある。

そしてそうした幸せな生活が続けば人はいつか活力を得る。

自分を認める、相手を認める、それが幸せである。成功は日々の生き方の積み重ねによってもたらされるものである。幸福は「いいよ、それで」という気持ちがもたらしてくれるものである。

その気持ちがなくて「あの人はあれだけあるのに、私は」となると不幸になる。

不満な親は自分に対しても子供に対しても「いいよ、それで」という気持ちがない。

人は満足すると優しい気持ちになる。だから欲張りには優しさがないのである。

親が子供を手放したくないために子供が学校に行けなくなるような家庭の調査の紹介の中で、ボウルビィは次のように書いている。

「このような家族形態が存在する場合にはいつでも、当の親自身が彼女の愛着対象の有効性に非常に不安をもっており、無意識のうちに、子どもに親の姿を求めて、自分自身は子どもの役割をとるという、正常な親子関係を逆転させていることがわかる。こうして子どもは親を愛するように期待され、親は子どもに愛され慰めてもらいたいと求める。普通、この逆転は隠されている。母親は、子どもこそ特別な世話と保護を必要としそれを受けているのだと主張するし、家族問題の経験の未熟な臨床家は、子どもがその『気まぐれをいつも満たしてもらって〈あまやかされている〉から問題が起こると信じるようにさえなる』(註１)」

３　満たされなかった基本的欲求

基本的欲求とは母なるものを持った母親の愛を求める欲求である。

この基本的欲求が満たされていないままで親になると、親は子供との関係で基本的欲求を満たそうとすることがある。つまり親は子供に対して「親子の役割逆転」をしようとする。

子供は、過干渉の親には憎しみを持つ。無関心な親には愛情飢餓感を持つ。

母親が無関心、父親が過干渉。

こうした組み合わせは最悪である。

この環境で子供は神経症にならない方がおかしい。この環境では、正常な人は必ず神経症になる。

神経症の心理的症状は、憎しみと愛情飢餓感である。別の言葉で表現すれば、「憎しみと空虚感」である。

そしてこれが自己疎外の心理状態であり、うつ病の症状でもある。

基本的欲求が満たされていないと、どうしても愛情飢餓感に苦しむのは当たり前のことである。

しかし現実の母親には基本的愛情を求めても無理。

そこである人は母親の代理満足として名声を求める。名声を得れば注目してもらえる。

それが強迫的名声追求である。「自分の健康を損なってまで、名声を求めるな」と言っても無理である。名声追求は、強迫的名声追求をする人の無意識の必要性である。

誰でもお金で幸せになれないと解っている。

しかし愛情飢餓感の強い人は体を壊してでもお金を求めざるを得ない。それは、お金が母親の愛の代理満足だからである。

まず愛情飢餓感を満たさなければならないから、代理満足としての名声やお金や権力を求める。

アブラハム・マズローの言うごとく、基本的欲求は他に先がけて満足されなければならない。これが満たされている人と満たされていない人では、生き方に決定的な違いがある。

そこで両者はなかなかお互いに理解し合えない。

愛情飢餓感が満たされていない人は、代理満足であれ何であれ、とにかく愛情飢餓感を満たそうとする。

満足している人から見ると、「食べていける余裕があるのになぜそんなに焦って無理をしているのか」とか「なぜあんな人にそこまで無理をして尽くすのか」などなど、満足していない人の言動には理解出来ないことが多い。

対象無差別に人から愛されようとするのは、愛情飢餓感が強いからである。満足している人から見ると、なんであんな不誠実な人にまで愛されようとして無理をするのか理解出来ない。

基本的欲求を満たすためには、代理満足しかない。誰でも良いから気に入られたい。別にその人に気に入られたいのではない。

本当に気に入られたい人は別にいる。しかしその人が自分を愛してくれないということを知っている。

そしてその人には憎しみがある。愛を求めているのに、愛してくれないから、憎しみがある。

憎しみがあれば素直に愛を求められない。

お金や名声などの代理満足も得られなければ、周囲の誰かに、代理満足を求める。

基本的欲求の満たされていない男性は、例えば恋人に代理満足としての代理ママを求める。

それも駄目だとする。

富も名声もダメ、さらに愛人や配偶者もダメとなれば、残るのは子供しかいない。

「富も、名誉も、恋も、遠き日の憧れ」となって、故郷を捨てて、北へ旅立つ勇気もない。残るのは子供しかいない。

「親子の役割逆転」をする親は、生き延びるために必死なのである。自分が生きるか死ぬかで子供にしがみついている。子供が死のうが生きようがそんなことはどうでも良い。

自分が生死の崖っぷちに立たされている。

この基本的欲求が満たされないままで、今を生きている人がいる。過去の満たされない欲求をまず満たそうとする。だから今を生きられない。

東京駅から新幹線に乗って浜松まで来ている。そこでウナギを食べようとしないで、「横浜のシュウマイを食べたい」と言っているような人である。

名古屋まで来ている。そこできしめんを食べようとしないで、「浜松のウナギを食べたい」と言っているような人である。

秋になっても紅葉を味わわないで、夏の海で泳ぎたいと言っているような人である。

過去の欲求が満たされないので、それを満たすことに執着している。だから焦る。急いでいる。

どんどん時は過ぎていく。早くしなければと焦る。急ぐのは当たり前のことである。

元に戻ろうと思うけれども、今となってはどう戻って良いか解らない。

そこでただ意味もなく焦っている。

4　抑圧された憎しみ

所謂「親子の役割逆転」には色々なケースが考えられる。

「そのくらいのことはどの親だってあるよ」というようなものから「そんなこと信じられない」というようなケースまである。

親も人間だから理想の親ということはほとんどない。普通の親なら、そういう気持ちになることはあるというケースから、「そんな、恐ろしい」と思うようなケースまで色々である。

私たちは人間関係の中で親子関係を理想の人間関係だと考えたがる。理想の人間関係と考えるべきだと思っている。ことに母親の愛を無償の愛と崇める。

そうした発想の人たちにとって、この本には「恐ろしくて、信じたくない」というようなケースの話が多い。この本では、恐ろしいが真実であるという話が主である。

ただ深刻なケースを理解するために、最初はそれほど深刻ではないケースから見てみたい。

「最初ジョンが父親にしがみついているように見えたが、間もなく父親の方が自分と付き合ってくれるように息子に求めていたことが明確になったのである。分析の過程で父親は、息子を使うことで自分の恐怖を処理しようとしているのと同じやり方で、自分の父親が自分を扱っていたことに気づき始めた(註2)」

親の方が子供に甘えることがあるという実例をまず考えたい。

親子の役割を逆転するにいたる一つの過程、「親子の役割逆転」をする親の方の気持ちの動きを見てみたい。つまり親が子供に甘えるプロセスの一つの例を考えたい。

母親から、大学生の娘の反抗についての相談があった。

その母親は、その娘について、中学校までは「良い子」だったという。

それが大学生になって母親との喧嘩が始まった。

母親は、「なんでそんな暗い顔をしているの？」と子供を責める。母親がきつく言う。

子供は「明るい声など出せませんよ」と言う。


相談者の母親は「原因はみな私の言い方が悪い」と言う。この言い方が自己卑下である。本当は娘に対する攻撃性を持ちながら、それを自分の方に置き換えている。

今は楽しいことがなくなったと言う。

今は家でも長女と顔を合わせないようにしている。

「長女が食堂に朝食を食べに来ると、私が出て行く」と言う。

腕を伸ばした範囲に長女が入らないようにしている。

夫はとにかくこの相談者である妻に罵詈雑言を浴びせている。

夫は「お前は、自分が本当にダメな女と思うまで、寒い中で凍死寸前までいかないとダメ」と言う。

ところがこの相談者の女性は、夫に「そこまで言わせる私」と自己卑下する。

この酷い夫を「主人は穏やかな人」と言う。これまた攻撃性の置き換えである。本当は夫が憎い。本来の攻撃性の対象は夫である。

ところが「夫は育ちも違うし、違う人間だと思っている」とこの女性は言う。

この女性には生まれた時から親がいない。

親戚の家をたらい回しにされながら育った。どこでも真っ先に殴られた。夜寝るまでずっと殴られた。十八歳でその親戚の家を出た。

いつもトイレに入っている時、いきなりドアを開けられる苛めが嫌だったという。

お風呂に入っている時にもドアを開けられる。

ところがそこでまた攻撃性の置き換えをする。攻撃性を自分に向けて、自己卑下をする。

「それに私はわがままだから」と言う。

「私は感謝を知らない人間だと思っている」と自己否定する。

厳しい祖父方に預けられた。

「お前が悪い」といつも言われた。

足が速く歩いたからと言って殴られた。

今は相談者も、五十五歳になった。

梨を食べて怒られた。漬け物を余計食べると怒られた。辛くてどうして良いか分からなかった。

一緒に食べると、漬け物を見てしまう。

祖父方の家族は大人ばかりであったが、「大人が皆、私のことをわがままと言った」と言う。

今、相談者は、自分の長女を責めている。長女は暗い顔をしている。

小さい頃、周囲の人は理不尽であり、彼女は何も悪いことをしていないのに、怒られた。

「自分が親に捨てられて、一番淋しいのに、何で怒られるのだ」とふと思った。

しかし誰も「淋しいね」と言ってくれない。

祖母から「お前は捨てられたようなものだ」といつも言われた。

相談者は「私は余分な存在になってしまった」と言う。

この女性は「あなたはいない方が良い」という破壊的メッセージを常に与えられていた。

その結果、彼女は「私は他人にとって迷惑な存在だ」という自己イメージを持つようになった。

祖父が憎かった。

やがて家を出て、一人で暮らし始めた。その時には、もの凄い淋しさに押しつぶされて、憎しみはなくなった。

人は淋しさを紛らわすことと憎しみを紛らわすことの選択で、淋しさを紛らわす方を選ぶ。

彼女はその生活自体が淋しい。そこで憎しみは忘れたい。

一年中「自分は捨てられたようなものだ」ということが頭から離れない。

その生活自体が淋しいから、憎しみを意識したら誰ともつながっていない自分を意識しなければならない。

友達に、育った家のことを「凄く嫌いだったんだ」と言うと、「せっかく育ててくれたのに」と言われた。


ある時「行ったことのない高い山に行きたいな」と思って、山に出かけた。そこで今の夫と出会い、結婚した。

結婚してから、母親が憎くてたまらなかった。それは結婚して、少し淋しさが癒されたからである。

たらい回しにされながら、親戚の家で育ったが、祖父は、よく母親に会わせた。

そして母親のことを「お姉さん」と呼ばせた。

相談者は結婚して、少し淋しさが癒された。そこで心の底に抑えに抑えていた憎しみが「わー」と湧いてきた。

結婚したことで、今までしっかりと抑えていた甘えが出てきたのである。

淋しいから人が恋しくて、憎しみを意識するのが怖い。人とつながっていたくて憎しみを抑圧した。

ところが結婚して、淋しさが今までよりもなくなって、人間本来の甘えが出た。淋しさゆえに抑えていた憎しみが意識の上に出てきた。

憎しみを漬け物にたとえれば、淋しさは漬け物の樽の蓋の上にのせている石みたいなものである。

母親は再婚した。そして三人の女の子を産んだが、また離婚した。

「母親も可哀想な人だな」と今は感じてきたと相談者は言う。

5　甘えのプロセス

相談は、「二十一歳の長女とどうしたらうまくいくか」ということである。

それが彼女が意識している表面的な相談である。

長女にお弁当を作る。

すると家を出る時に「お弁当いただきます」と言って出て行く。

相談者は「よそよそしい」と怒る。

「どうしてそんな言い方するの」と爆発する。


この相談者を比喩的に考えれば次のようになる。

子供は自分の手が汚れている。

お爺ちゃんに、「洗って」と言う。

お爺ちゃんは取り合わない。

そこで子供はもう一度「洗って」と言う。

するとお爺ちゃんは「いいよ、どっちみちお前の手はもともと汚れているのだから」と言う。

子供は「分かった」と言う。お爺ちゃんに甘えることが出来ない。

この相談者はこんな生活をしていた。


ところが「この母親は私を見てくれる」と思うと、その時には、「洗ってよ、洗ってよ」と言う。

人は、「この人はやってくれる」という甘えの対象を見つけると、色々な要求をする。

その人に対しては、他の人と全く違った態度になる。甘えられる人を見つければ、狼になるが、他の人には子羊になる。

母親は娘に「部屋、ここきれいにしてよ」と言う。

相談者にとって、娘がお母さんになっている。

人は、自分の心を一番分かってくれる人には、わがままになる。

そこで自分の娘や息子なのに、母親や父親になってしまう。

言葉は娘や息子に対する攻撃なのだが、言葉の意味は「お母さん、お父さんはこんなに酷いことをする」となる。

相談者は、お母さん（＝娘）が自分に絡んでほしい。お母さん（＝娘）にはどんどんわがままを言う。

相談者は、娘に拗ねて、甘えている。

「親子の役割逆転」である。

母親は娘のご飯を作って、部屋に入る。

部屋に入るのは、この母親である女性が拗ねているためである。娘に甘えたいけど甘えられないで、拗ねている。

部屋に入ったら、「お母さんどうしたの?」と娘に言ってもらいたい。

今まで、これを誰もしてくれなかった。

娘の方は、母親を扱いにくいと思っている。


相談者は幼児期にしたかったことを、すべて今娘にしている。

相談中に真剣なところで笑う。

幼児は真剣に聞いてくれれば、笑う。

今までは、死んでいようが、生きていようが、誰も関心を持ってくれなかった。

この人は、幼児期の経験をどうしてもしたくなった。

この女性は、自分のしていることが、幼児期の甘える、拗ねるということである理解すると、考え方が違ってくる。

それで一歩進む。

小さい頃から、誰も自分を甘やかしてくれなかったということを知っている。しかし今やっと甘える対象を見つけた。

今日の相談は、「娘のことではなく、自分が幼児期の体験をしている時に、どうしたら良いか？」という相談ですね、と言うと頷く。

表面的な相談は、「娘とどうしたら仲良くできるか」である。


お母さんに食事を持って部屋に入られては、娘は絡めない。

お母さんが幼児のように、拗ねているのだから。

お母さんが食事を持って部屋に入る。部屋に鍵をかける。拗ねている。

これを幼児の行為と考えれば良く理解出来る。

「どうしたら娘と仲良くできますか？」と言われても答えられない。それは無理。

「仲良くなりたい」と言うのは矛盾している。

仲良くなるのは嫌だと本人が言っている。それで「仲良くなりたい」と言う。それは無理。

自分がドアを閉めているのだから。

本質的には、娘との不仲をどうしたら良いかという相談ではない。

この相談者である母親のことは、食事の時に、拗ねた子が自分の部屋の中にこもって鍵をかけてしまうことを想像すれば理解出来る。

拗ねた子は鍵をかけた部屋の中で食堂の皆の話を聞きながら「まだ呼びに来てくれない」と思っている。

これが幼児の態度である。

拗ねた幼児は「絶対出ないからね」と心の中で言っている。

実際の幼児の場合で考えてみる。

子供はしばらくするとドアを、そーっと開ける。

部屋から出てきて、床の上で食べる。

ここで母親は「テーブルの上で食べないの、淋しいな」と言ってあげる。

そうすれば幼児は「食べてあげるからね」と言う。恩を着せながらであれば、食事に参加できる。

母親が「いい加減にしなさい」と言ったら、また子供は拗ねる。

その相談者の女性は「私は、長女に話すときに、長女のやることなすこと気に入らない」というように話す。

相手を好きなら、きつい言葉でも通じる。

好きなら悪い言葉でも通じる。

「腹が立つ」「嫌い」と思った時は、相手に甘えていると思った方が良い。

自分が死んだら、皆が悲しむかな？

彼女は「早く死にたい、早く死にたい」といつも思う。死んだ方がましだと思う。


この母親が拗ねないで、自分の甘えの欲求を満たそうとするとどうなるか。

娘に非現実的な要求をする。これが隠された攻撃性である。

この母親は娘が好きだけれども、嫌い。パーソナリティーの中に矛盾を含んでいる。

そこで娘に矛盾した要求をする。


「この母親」は、「この娘」に甘えている。

「親子の役割逆転」をする親は、子供なら誰にでも甘えるわけではない。

必ず甘える子を選ぶ。

これは「親子の役割逆転」ばかりでなく、苛める人は、必ず苛める人を選ぶ。一般的に苛める人は、誰でも苛めるわけではない。


さらにもう一つ注意するべき点がある。

それは、この「親子の役割逆転」をする人は、自分に対して酷いことをする人には迎合するということである。

夫を含めて酷い態度をとる人たちには、服従の態度を見せて、「私が悪い」と徹底して自罰的になる。

逆に自分が甘えている人に対しては徹底して他罰的になる。

「親子の役割逆転」をする親と、「親子の役割逆転」をされる子供との関係は、極めて不健全な人間関係である。

6 神経症的「親子の役割逆転」

今述べた実例は「親子の役割逆転」をされている子供が大学生である。したがって深刻ではない。

「親子の役割逆転」はこのような心理過程だということを理解してもらうための実例である。

子供が小さくて日常生活が親とべったりで、その日常生活の中で何十年にわたって「親子の役割逆転」が行われる時には深刻である。

今述べてきた程度の「親子の役割逆転」は、この親のように厳しい過去を背負っていなくても、普通の親でもしがちである。

そのような普通の人でもしがちな「親子の役割逆転」に対して、この本ではむしろ神経症的「親子の役割逆転」について説明している。

つまり「親子の役割逆転」には二種類あると考えなければならない。それは神経症的傾向の強い人と、心理的に健康な人とがいるのと同じである。

最も深刻な神経症者が「親子の役割逆転」をするときには、子供にとっては地獄である。しかも親も子も地獄とは意識していない。

親は自分を理想の親と意識し、子供は素晴らしい親と思っている。

だからこそ現実の地獄の親をメディアは子煩悩と言うのである。親が不安から求めた一体感を、メディアが愛と誤解しているだけである。

この章で述べた「親子の役割逆転」は神経症的「親子の役割逆転」ではなく、多くの人が体験し得る種類のものである。

親も理想の人間でない以上、理想の親というのも少ない。そうなると多かれ少なかれ「親子の役割逆転」に陥る場合がある。

子供が甘えている。子供は今甘えている気持ちを満たしてほしい。しかし母親は今疲れている。

けれども「あとでしてあげる」のでは子供は満足しない。

子供がその時求めているものを、その時に与えなければならないのが子育てである。

しかし親の方が心理的に五歳児の時には、それをその時に子供に与えるのは辛い。親の方も子供に自分の気持ちを汲み取ってもらいたいのである。

子供が十五歳の時、子供は反抗期の気持ちを汲み取ってもらいたい。しかし心理的に五歳児の親は逆に自分の気持ちを汲み取ってもらいたい。


「親子の役割逆転」が成功して、子供が従順になり、親の言いなりになることもあるが、反抗することもある。

その反抗の仕方にも色々とある。直接に反抗する場合もあるし、不登校という形で間接的に反抗する場合もある。

「スーザンの登校拒否が、子供たちを見捨てるという母親のおどしに対する反応」(註3)

「親子の役割逆転」している場合には、お母さんが淋しい。実はお母さんが見捨てられることを恐れているから子どもを「見捨てる」と脅すのである。

もちろん母親はそれを意識はしていないであろう。

「多くの登校拒否児の事例において親のおどしが果たす役割を認めることは、すでに公にされている多くの報告を、新しい視点からみることになる。たとえばE. Klein（1945）の事例報告では、父親、または母親が家を出てゆくとおどしたり、また行儀が悪いと、親が病気になったり死んだりするとおどす親をもつ子どものことがのべられている」(註4)

親が自分の親にしてほしかったことをする。なのに子供が喜ばないから腹が立つ。そこで子供を脅す。

親が子供を脅す場合には、親が欲求不満であることはもちろんであるが、同時に子供も配偶者も嫌いであり、家族の中で心理的に孤立している。

一見良いお母さんなのだが、何か、ずうずうしい。子供の心にずるずると入ってくる。脅迫する母親や父親は、楽して自分ののぞむ子にしたい。

「こんな良いお母さんが死んじゃうのよ」と自分を売っている。それで、子供たちが、お母さんが死んじゃうと大騒ぎしていることで、自分という存在を確信している。お母さんに自分というものがない。

「親子の役割逆転」をする親は、子供の反応で自分の愛情飢餓感を満たしている。母親が安心しようとしている。

「母親（あるいは父親）は気づかないうちに、彼女が子どもとして与えられなかった、あるいは失っていた愛情のこもった世話をしてほしいという望みを、遅ればせながら満たそうとしている。同時に子どもには、友達と遊んだり学校の活動をしたりさせないようにしている。甘やかされるどころか、このような子どもたちは慢性的な欲求不満状態におかれ、母親はすべてを与えていると申し立てるから、その不当を申し出ることさえ自由にできない」(註5)

一口で言えば「親子の役割逆転」をする親は、子供時代の悔しさを、自分の子供で晴らしているのである。

第2章

親の中に棲む「子供」

1　基本的不安感

子供の研究家として名高いボウルビィの言う「親子の役割逆転」とは、自分の親が満たしてくれなかった基本的欲求を、自分の子供で満たそうとすることである。

これは子供に対する「親の神経症的要求」である。つまり親が神経症で、子供への要求が非現実的、自己中心的、復讐的である。

心の葛藤は人間関係を通して表れる。親の心の葛藤が親子関係を通して表れたのが「親子の役割逆転」である。

「親子の役割逆転」が子供にもたらすもの、それが基本的不安感である。

貧困の連鎖は見えるので皆が解決策を考えるが、神経症の連鎖は見えないから、問題視されない。

親の「無意識の必要性」によって子供が育てられる。その時に子供は基本的不安感を持つ。

この不安感は子供の心の底のそのまた底にしっかりと根付いてしまう。

「親子の役割逆転」の中で生長する子は、その子の存在の核の部分に基本的不安感がある。

そのまま生長して、多くの人は治ったと思うかもしれないが、ほとんどの場合治っていない。

存在の核にある基本的不安感は、闇夜の中で表れる。例えば夢の中に表れる。デビット・シーベリーが、「三十分以上悩むな」と言っている。その通りである。しかし実行は難しい。

夜の静寂《しじま》の中にベッドで寝ている。三十分悩んでいれば、その核の部分が表れてくる。今の悩みがどんどん深刻に思えてくる。眠れなくなる。実際はそれほど深刻でない悩みなのだが、その深刻でない今の悩みが、心の底のそのまた底にある基本的不安感を刺激して、もの凄い悩みになってしまう。

基本的欲求には自己実現のような自立的欲求と依存的欲求がある。あるいは成長欲求と退行欲求といっても良いかもしれない。

幼児的願望は基本的欲求であるが、それは退行欲求であり、依存的欲求である。揺りかごが好きな時期には、揺りかごをいつも揺すってもらいたい。揺すられるのが好きな時期には、いつも揺すってもらいたい。

飛び跳ねるのが好きな時期には、いつも飛び跳ねられるようにしてもらいたい。

人間の幼児的願望は「あやされたい」ということである。幼児はいつも周りから注目してもらいたい、いつも誉めてもらいたい。自分のすることにいつも周りからの反応が欲しい。

これらの幼児的願望、幼児的欲求が全く満たされないままであっても、それは消えることはない。

いつも誉められたいという幼児的欲求は、全く無視されて生長した場合、その幼児の時期が過ぎたからといって、その欲求が消えるわけではない。

その後の人生はその欲求不満を意識していないかもしれないが、常にその人は無意識では欲求不満である。

満たされない欲求は無意識からその人の気持ちを支配している。

例えば気難しい人は気難しい。周囲の人にとっては迷惑であるが、本人も苦しんでいる。無意識に支配されているから不機嫌な本人自身がどうしようもない。

本人自身が自分の性格に苦しんでいる。しかしどうしようもない。

いつも誉められたいのに、大人になればいつも幼児のように誉めてはもらえない。そうなれば心の底ではいつも欲求不満である。

その不満が年々心の中に積み重なっていく。

無意識の世界でいつも不満である。しかも日々、不満は無意識の世界で増大している。それがその人の意識の世界に影響を及ぼしている。

頭では分かっていても自分の気持ちをどうすることも出来ないことが多い。その原因の一つは、その人が無意識にある欲求に支配されているからである。

マズローが神経症を欠乏の病と言ったが、（註6）賛成である。

神経症は基本的欲求が満たされていないのである。その欲求不満にどうしようもなく自分の気持ちが支配されてしまう。

神経症的傾向の強い人は何よりもその土台となっている欲求不満を解消したい。

人が強迫的に成功を求めるのは、その無意識の世界での欲求不満を解消しようとしているからである。

小さい頃誉めてもらいたかったのに、誉めてもらえなかった。飛び跳ねたいのに飛び跳ねる機会を奪われた。

その基本的欲求の不満がどうしようもない。

心は欲求不満のままに肉体的、社会的に生長し、大人になる。すると何をどう言われても不愉快な気持ちをどうすることも出来ない。

そこで成功したら誉めてもらえると思う。成功したら不満を晴らせると思う。

幼児は誉められれば元気になるし、誉められなければ落ち込む。

社会的、肉体的に大人になっても、心理的に幼児のままであれば、同じである。誉められれば元気になるし、誉められなければ落ち込む。

仕事が上手くいけば、その時には元気になる。そして上手くいかなければ落ち込む。

ただ現実には、仕事が望むほど成功することはない。しかも仕事の成功は、幼児的願望の代理満足だから、限界がない。どこまで成功しても「もっと、もっと」と望む。

ジョージ・ウェインバーグは、名声を求めている人は愛を求めていると指摘するが、その愛も名声も得られないとなればどうなるか。

そうなれば残るのは子供だけである。それが「親子の役割逆転」となり、子供への非現実的に高い期待となる。

子供の成功で世間を見返したい。あるいは子供は自分の日々のマイナスの感情のはけ口にもなる。

劣等感とは、別に劣等であることとは何の関係もない。劣等感とは、誉めてもらいたいのに誉めてもらえなかった体験から生じてきたものである。

アルフレッド・アドラーが言うように、人間を基本的に動かしているのは劣等感というのもその通りだと思う。

それは逆に言えば、人間を基本的に動かしているのは、「あやしてもらいたいのに、あやしてもらえない」という思いである。

人間を基本的に動かしているのが劣等感であるということは、裏から言うと人間を基本的に動かしているのは、基本的欲求であるということに等しい。

大人になって自己実現の欲求が出てからは複雑であるが、その前はとにかく依存的欲求を満たしたい。

そして基本的欲求である依存的欲求とは、自己執着的欲求である。「自分が」誉められたいのである。皆が「自分に」注目してもらいたいのである。

自分が誉められたい、自分が励まされたいので、そこに他人への関心はない。

基本的欲求である依存的欲求のある人は、自分の足で立っていられない。

基本的欲求は自己執着的欲求だから、無視されると辛い。非難されると堪える。自分で自分を支えられない。

基本的欲求といっても良いし、幼児的願望といっても良いが、幼児的願望が満たされて消えていれば、劣等であっても劣等感はないし、幼児的願望が満たされていなければ、優秀であっても劣等感はある。

幼児的願望が満たされて消えていれば、失敗しても劣等感はないし、幼児的願望が満たされていなければ、成功しても劣等感はある。

社会的な成功、失敗と劣等感は関係ない。

幼児的願望がそのまま残っていれば、成功しても自分で自分を支えられないのだから、常に気持ちは不安定である。

気持ちの安定、不安定と社会的成功とは関係ない。

カレン・ホルナイが劣等感は所属感の欠如であると言ったのも名言である。

親から誉められ励まされることで所属感は生まれるし、無視されたり、貶されたりすることで所属感は生じない。無視されて成長した人は、常に所属感が欠如している。

幼児的願望、基本的欲求が満たされれば所属感は生まれる。

自分の幼児的願望を満たしてくれた人と心の絆が出来るのは当たり前のことである。

アドラーの言うことも、カレン・ホルナイの言うことも、マズローの言うことも、それぞれ言葉は違っているが、本質的部分で意味することは同じである。本質的部分で違っているわけではない。

2 深刻な傷

先にも述べたように「親子の役割逆転」は、この親の無意識の必要性で子供を育てることである。子供は親の心の葛藤を解決する手段になった。つまり子供にとっては最も望ましくない成長環境である。

その結果、子供は基本的不安感を持つ。

基本的不安感とはカレン・ホルナイによれば、親の必要性にしたがって育てられた子供の心理状態である。

母親から愛された子供は、母親から心理的に自立していかれる。

しかし母親から愛されなかった子供は母親から自立していかれない。母親の愛を知らない者は、母親固着に苦しむ。

母親が子供に全く無関心だった。母親は母親という名の冷たい他人だった。

あるいは母親に虐待された。

そうした子供は肉体的に大人になっても、母親を求め続ける。

それは退行欲求である。退行欲求を自分の子供で満たそうとするのが「親子の役割逆転」である。

そして母親から虐待されたり、母親が無関心だったりした人は、自己分析して生きる方向性を変えないと、大人になっても死ぬまで退行欲求に苦しめられる。

大人になれば、社会的に退行欲求は受け入れられない。受け入れられないというよりもむしろ理解されない。

その人の言動は周囲の人から理解されない。「あの人は問題のある人だから」と周囲から敬遠される。

しかしその人を基本的に動かしているのは退行欲求である。

社会的には一応大人の仮面を被って生活している。しかしその人の本質は退行欲求である。幼児である。

その退行欲求から出た言動を色々と社会的に正当化するが、本当は幼児である。

そこでいつも不機嫌だったり、いつも不愉快な気持ちにさいなまれる。

親の家での不機嫌は、「私の幼児的願望を早く満たせ」という「親子の役割逆転」である。

親の愛の要求である。親は子供が自分を愛していることを確認したいのである。確認出来ないで不機嫌になっている。

「親子の役割逆転」の例である。

幼い日、父親が家に帰ってきた時に、子供が「おかえりなさーい」と笑顔で迎える。そうしないと父親はものを投げて荒れまくる。

本当は母親が、子供が学校から帰ってきた時に、「おかえりなさーい」と笑顔で迎える。この母親の役割を子供が父親にしなければならない。

別の例である。子供が夕食のテーブルで、料理を見て「わぁ美味しそう」と言わなければならない。母親の喜ぶことを言わなければならないという意味である。

「親子の役割逆転」をする親は、子供が病気なのに海辺でお誕生日パーティーをしてしまう。

子供が親に感謝するのが嬉しい。

子供の気持ちより、自分の気持ちが大切なのである。

「親子の役割逆転」をする親は、自分が小さい頃に親と一緒にしたかったことを、子供と一緒にしてしまう。親の愛情飢餓感が子供に襲いかかる。

小さい頃、家族旅行に行きたかった。でも行けなかった。そこで親になって家族旅行に行く。

そこで子供が喜ばないと親は怒る。親の愛情飢餓感を満たす家族旅行だからである。子供が親に感謝して恩に着るのが、親は嬉しい。

こうした家族旅行で子供の心は傷つく。


一番深刻な心の傷はカレン・ホルナイの言う基本的不安感である。

この基本的不安感は、親との関係により形成されたもので、大人になってから受けた心の傷とは基本的に違う。

例えば会社で上司から屈辱を受けたという心の傷とは違う。

基本的不安感は、親との関係が形成され自我が確立する前のものである。

親との関係が出来て、心理的に成長してから受けた心の傷は、生きる土台が出来てから受けた心の傷である。

基本的不安感とどこが違うか。

一つはその人の人生に与える影響の深刻さである。具体的には大人になるまで、また大人になってからも深刻な影響を与え続ける。その影響の時間的長さである。

次に影響の深さである。

カレン・ホルナイの言葉で説明をすれば、親の神経症的必要性から子供に接する。

私の言葉で言えば、子供が親の神経症的葛藤の解決の手段になる。

具体的な表現をすれば「親子の役割逆転」をした中で生長したということである。子供が親のぬいぐるみの役割をする。

基本的不安感は基本的な欲求が満たされていない人が持つ不安である。

子供に基本的不安感をもたらす親は「親子の役割逆転」をする親である。つまり親が自分の心の必要性に従って子供を扱う。

それが長年にわたる日常である。それが神経症的「親子の役割逆転」である。

3 理解されない苦しみ

子供を苛めることで、夫婦間の憎しみを吐き出す場合が多い。子供を苛めることで夫婦関係を維持する。

そうして苛められた子供の心の傷は、なかなか他の人には理解出来ない。

これは普通の親が子供を苛めるというのとは全く性質が違う。深刻度が違う。

親は、自分が生き延びるために子供を苛めることが心理的に必要なのである。親は子供を命がけで苛めている。

子供を苛めていなければ、夫婦間の葛藤に直面しなければならない。そういう親にとって子供を苛めることは強迫的である。苛めまいとしても苛めないではいられない。

会社の上司によるパワハラなどの苛めとはレベルが違う。

「親子の役割逆転」で親が子供を苛める執拗さを考えたら、会社でのパワハラなどは笑い話である。

だから普通の人にはなかなか理解出来ない。

多くの場合、「親子の役割逆転」から親に苛められた人は、苛めの構図を理解しない限り生涯立ち上がれない。

その子の無意識に積み重なった憎しみや怒りは想像を絶する。

大人になっていつも不機嫌な人がいる。何も悪いことはないのに朝から怒っている。どんなに良いことがあっても怒っている。

それはその人自身が火薬庫のようになっているからである。何があっても爆発する。

その人の中の潜在的可能性は何も発達していないので、エーリッヒ・フロムの言う衰退の症候群しかない。つまりその人の心の中にある中心的な要素は、ナルシシズム、ネクロフィラス、母親固着の三つである。

この場合、ネクロフィラスは死への関心というほかに、人の不幸を喜ぶという傾向でもある。

母親固着は自己執着でもある。

「親子の役割逆転」の中で生き延びて大人になった場合には、その人の心の中は火薬庫になっている。いつ爆発して死んでもおかしくない。

それでも生き延びて大人になった。普通の人よりも忍耐力がある。

普通の人は途中で生きていけなくなって、うつ病になったり、自律神経失調症になったり、偏頭痛に苦しんだり、犯罪を犯したり、神経症になったり、とにかく社会生活をしていかれなくなっている。

それを耐えてある時期まで何とか社会の中で生き延びてきた。したがって心の中は、隠された怒りで破裂寸前である。だから朝から何もないのに怒っているのである。

あるいは理由もなく不機嫌である。

「親子の役割逆転」は無意識の世界で起きていることである。

「親子の役割逆転」をする親は、意識では「子供のため」と思いながら子供を苛めている。憎しみが愛の仮面を被って登場する。例えば苛めを躾と合理化する。

こうした親は自分の無意識にある心の葛藤に直面することは絶対にない。

「親子の役割逆転」をする親は愛という仮面を被ったサディストである。したがって苛められた子は、「私は愛されている」と思わなければ許されない。

親から憎しみを吐き出されながら、「私は親から愛されている」と信じなければならない。そう信じることで、その人のコミュニケーション能力は完全に破壊される。コミュニケーション能力が破壊されるのは、現実ではないことを現実と信じることを強要されるからである。相手を正しく理解することを禁じられることで、コミュニケーション能力は破壊される。

そういう人はその後の人生を幸せには生きていかれない。

「誰も私を理解してくれない」というような言葉がもし許される人がいるとすれば、それは「親子の役割逆転」で、親からとことん苛められた人である。

人が本当に心理的に自立するのは、「誰も私の気持ちを理解してくれない」と言うことが許される場合でも、それでも心を乱されることなく、人を恨まずに生きられる時である。「誰も私の苦しみを分かってくれない」と思っても、なお平常心で生きられる人が真に自立した人である。

これが悟りであろうが、普通の人には出来ない。

依存心があれば、普通は「誰も私の苦しみを分かってくれない」と思って、人を恨む。

4　愛されていると感じない

親は自分の心の葛藤を、子供を巻き込むことで解決しようとする。先に述べたように「親子の役割逆転」をする親は絶対に自分の心の葛藤に直面しない。心の葛藤に直面するよりも、子供を苛めている方がはるかに楽だからである。

この「親子の役割逆転」の中で、子供は「私は誰からも愛されない人間である」という自己イメージを持つ。

こうした自己イメージを持てば、人からの拒絶や無視に敏感になる。

無視されなくても無視されたと思う。拒絶されなくても拒絶されたと思う。大人になって人から愛されていても愛されていないと感じる。人から何かを注意されると、そのことを注意されたのではなく、自分の人格が否定されたと思う。

その感じ方がベースになってうつ病をはじめ様々な心の病になる。

したがって小さい頃先生から酷い侮辱を受けたとか、大人になって皆に軽蔑されたとか、仲間はずれにされたとかいうレベルの心の傷と、「親子の役割逆転」がもたらす心の傷とは、傷の深さと広さの程度が全く違う。

この二つの点で「親子の役割逆転」で生長した人の心の傷は、他の心の傷とは全く違う。この基本的不安感を持つ人は、同時にもの凄い敵意を心の底に堆積させている。無意識にあるのは気の遠くなるような凄まじい敵意である。

彼らが、内面の弱さを特徴とするのは当たり前である。そして内面の弱さを持つ者は傷つきやすいから敵意を持ちやすい。

また彼らは傷つきやすさを媒介にしなくても、防衛的になるから、敵意を持ちやすい。

いずれにしろ基本的不安感を土台にして日々次々に新しい敵意を心の中に積み上げていく。

この長年にわたって堆積した大量の敵意の放出が「生きるのが苦しい！」という叫びである。「苦しい」という叫びは、怒りや憎しみの間接的表現である。

直接的に表現すれば「殺してやる」である。

そこまで憎しみの感情に囚われるのは、小さい頃から「親子の役割逆転」で生きてきたからである。

我慢に我慢を重ねているうちに、コントロールしようのないほどの憎しみの感情が心の底に堆積した。

基本的不安感は、親が自分の心の葛藤を解決するために子供に接している時に生じる。

親が心の葛藤を解決するために子供に接する仕方は色々とあるが、その接し方の典型的な例が、「親子の役割逆転」である。

基本的不安感の最大の問題は人を信じることが出来なくなるということである。

大人になって友情でも恋愛でも相手の愛を信じることが出来ない。

これが神経症的愛情要求の問題である。

絶えず相手が「愛している、愛している、好きです、好きです」とささやき続けなければ、気持ちが持たない。

前の日に「好きです」と言われても、翌日には不安になっている。翌日もまた「好きです」と言われなければ不安になる。翌々日もまた「好きです」と言ってもらいたい。

神経症が深刻になれば、毎日、毎日「好きです、好きです」と言われないと相手に怒りが湧いてくる。

問題はこの小さい頃の疎外感、無力感、孤立感などが、大人になっても容易に消えないことである。

大人になって親しい人が出来ても心の底で「私たち」という帰属意識を持てない。

この基本的不安感は、人が自分の本当の感情で他者との関係をつくる時に障害となるとカレン・ホルナイは言う。

「望ましい環境で成長しないと、人は『私たちという感情』の代わりに基本的不安感を抱く」(註7)

これは、無意識の世界で自分は誰ともつながっていないという感覚である。

基本的不安感は自分の自発的な感情から他人とつながることを妨げるとカレン・ホルナイは言う。(註8)

その通りであるが、さらに言えば「親子の役割逆転」で生長した子供は、自発的感情そのものが育成されていない。

基本的不安感は自分の心の中の問題ばかりではなく、他人にどう接するかということに影響してくる。

深刻な基本的不安感を抱えている人はどんなに愛されても「愛されている」とは感じられない。

カレン・ホルナイも、周囲の世界が自分に敵対していると感じると言う。(註9)

その敵対する世界において自分は孤立し、無力であると感じる。それが基本的不安感である。

これもカレン・ホルナイの言う通りであるが、大切なことは「親子の役割逆転」の場合には、それが無意識の世界で行われているということである。

「親子の役割逆転」で生長した人は、そのことを意識していない。つまりすでに指摘したように親は子供を愛していると意識し、子供は愛されていると意識している。

「親子の役割逆転」では親子双方が問題を抱えている。共に心は病んでいる。無意識ではお互いに嫌いであるが、意識では愛の絆で結ばれている。

「親子の役割逆転」で生長した人は、とにかく意識することである。なんだか自分の感情はおかしいと感じた時が「意識せよ」というメッセージである。

なぜこんなにイライラするのか、なぜこんなに腹が立つのか、なぜ人といて居心地が悪いのか、なぜ生きるのが辛いのか、なぜいつも焦っているのかなどと感じた時が、自分の無意識に直面せよというメッセージである。

5 モラル・ハラスメント

神経症的傾向の強い人は、「自分だけに出来る特別に安易な方法」を求める。それは、自分が敵意に満ちた世界にいて、孤立し無力感を感じているからである。

小さい頃の望ましくない環境とは、彼に対する周囲の人の態度が、周囲の人の心理的必要性によって決まることである。

親の心理的必要性によって、親の子供に対する態度が決まってくる。(註10)

基本的不安感のある人は、生長の過程で、周りの人が心の葛藤を抱えていたということである。

その典型が「親子の役割逆転」である。

それはありのままの自分を受け入れてもらえなかったということであり、周りの人からの不当な要求に晒されて生きてきたといういである。

それは小さい頃から戦場にいたようなものである。

常に弾が飛んできた。弾とは周りの人の態度であり、要求である。

カレン・ホルナイの言う基本的不安感というのは「何か困ったことがあっても誰も自分のことを守ってくれない」という感じ方である。

そして注意すべきは、くどいようだがその感じ方が無意識であるということである。

つまり誰にとっても人生は困難に満ちているが、日々の生活で「誰も自分のことを守ってくれない」と、無意識で苦しみつつ、それを意識していないということである。

むしろ事態を逆に意識している。つまり意識では「私は愛されている」と感じている。その意識と無意識の乖離は深刻である。

そしてこの「人を信じることが出来ない」ということは色々な深刻な問題に発展する。基本的な信頼関係があって、初めて人は自立していかれる。心の中に誰か信じる人がいるから人は自立出来る。母親を信じることが出来るから子供は自立していかれる。

母親との信頼関係があるから子供は自立していかれる。この世の中で初めての出会いである親を信じられなければ自立は難しい。母親固着のまま他者との信頼関係が築けない人は「無力と依存」という人間の宿命を背負ったままで一生を送りかねない。

基本的欲求が満たされていない。それが神経症である。

基本的欲求は、母なるものを持った母親の愛で満たされる。

この基本的欲求が満たされていないままで親になると、今度は自分が「親子の役割逆転」をする。

「親子の役割逆転」は神経症の深刻な症状である。

人と心がつながることが出来ないのが神経症である。

神経症は人と依存的敵対関係になり、人と心で素直につながることが出来ない。

典型的なのが家庭内暴力である。

息子は暴力の背後で親に愛情を求めている。

「親子の役割逆転」も同じことである。親は子供を苛める背後で子供に愛情を求めている。

親は子供に愛情を求めながら子供に憎しみを持つ。

これが所謂モラル・ハラスメントの心理である。モラルを通しての苛めである。

「親子の役割逆転」をする親は「母なるもの」を体験しなかった。死ぬまで常に「母なるもの」を求めて苦しんでいる。

そして子供に「母なるもの」を求めている。それを直接表現出来ないと、非現実的な要求を子供にする。

そして子供が、自分の要求をかなえないと不当なことに感じて猛烈に怒る。

親の心の中にある「母なるものを求める気持ち」を子供が満たさないと、怒って子供を責めさいなんでいる。

第3章

大人にならざるを得なかった子

１　退行欲求

「親子の役割逆転」は神経症の一つの症状であるが、その特徴を退行欲求を中心にして考えてみたい。

受動的人間は日常生活でもどうしても不満になる。相手に「これをしてほしい」「あれをしてほしい」という願望が強いからである。

しかし現実には大人になって、そのような受け身の願望は実現されない。

「親子の役割逆転」をする親は、もちろん受動的人間であるから子供に不満を抱く。受動的人間でなければ、子供に愛してほしいという願望を持たない。

最も簡単な例は、親の優しさの押し売りである。

それは親が、自分が「いい親を演じたい」ためにしていることで、裏には子供に感謝を要求していることが隠されている。

子供からすれば、それは優しさでなく苛めみたいなものである。

真の愛情は間接的に示されるという。

間接的に愛を表現するためには相手を分かっていないと出来ない。直接的に愛を表現するのは相手を分かっていなくても出来る。

直接的に特別に過剰に表現される愛情は、誤った愛情である場合が多い。強調されて表現されたものは欠如を表すという。

日常生活の中でささやかな振舞いによって自然に表現されたものが本当の愛情である。

欠乏動機か成長動機かで言えば、親の欠乏動機による子育てが、「親子の役割逆転」である。人に見せるための行動の動機が欠乏動機である。

親が欠乏動機で子供を育てる時に、子供は基本的不安感を持つ。

欠乏動機は退行動機でもある。

成長動機と退行動機で言えば、退行動機での子育ては親にとって辛い。成長動機、つまり愛する動機での子育ては生きがいである。

退行動機で行動する人は、皆と食事をしても辛い。自分が皆からあやしてもらいたいからである。

成長動機で行動する大人はコミュニケーションしたいから皆と食事をする。だから、食事をしていても楽しい。

愛されることを求めている人と、愛する姿勢のある人では、同じ食事をしていても満足度は違う。同じ恋愛をしていても満足度は違う。

退行動機で生きている人は日常生活も辛い。いつも何かを「してもらおう」としているからである。

退行動機で行動した者が、自分の行動を妨害されると深く傷つく。子供が退行動機で何かをした時に心理的に健康な親は誇大に誉める。

子供はそのように誉めてくれるだろうと期待して行動していた、ところがその誉め言葉がなかった。そうなると子供は深く傷つく。

成長動機を持っているか、退行動機を持っているかで同じ世界は違って見える。

親が成長動機で子供を世話しているか、退行動機で子供を世話しているかで子育ての苦労は、全く違ってくる。

本来の親子関係は時と共に変化する。

子供は小さい頃は「ずっとお父さん、お母さんと一緒にいる」と言っているが、それが自我に目覚めて、反抗期になる。

その嵐の時期が過ぎて、親子は新しい関係になる。

しかし子供に恋人が出来る、結婚する。そこでまた大きな変化がある。

子供が「僕の家」と言った時に、それまでは親と同じ家であったのが、違った家になる。

「親子の役割逆転」で大きいのは、そうした親子関係の自然な変化がないことである。

子供が親に甘えられるから、子供の自我の誕生、成長がある。子供が成長して親子関係が変化する。

しかし親が子供に甘えているから、子供の自我の生長はない。親の自我の生長もない。

心理的な子供が、肉体的に大人になって結婚しても、その人が子供の心であるということに変わりはない。

時と共に子供の社会的な立場は変化するが、心は変わらない。

心が変わらないということは、子供はいつまでも衰退の症候群に囚われているということを意味している。

大人になってもネクロフィラスからバイオフィラスにならない。

衰退の症候群とはフロムの言葉で、ナルシシズム、母親固着、ネクロフィラスの三つの要素からなる症候群である。

交流分析では、敗者は他人との親密な関係を持つ代わりに相手を操作して相手を自分の期待に添わせようとするという。また相手の期待に添うようにと自分のエネルギーを使う。それにならって言えば「親子の役割逆転」をする親は人生の敗者である。子供を操作して子供を自分の期待に添わせようとする。

「もし自分自身であり得ないのなら悪魔になった方がましだ」とシーベリーは言うが、「親子の役割逆転」をする親は、子供が自分自身であることを許さない。

「親子の役割逆転」とは、親が子供に甘えることであるが、本来、子供が親に甘えるのが自然である。それが逆転しているということである。

「親子の役割逆転」というのは親の悪影響の中でも最も深刻なものである。子供の心理的成長を最も妨害するのはこの「親子の役割逆転」である。

子供が親のお守りをしている。子供が親を喜ばさなければならないのだから、「子守り」でなく、「親守り」である。

「親子の役割逆転」の影響をまともに受けた子供は心理的に成長することは出来ない。

素晴らしい祖母が一緒にいるとか何とかいう特別な場合を除いて、「親子の役割逆転」の悪影響にさらされた子供が心理的に成長することは不可能である。

2　親のぬいぐるみ

「親子の役割逆転」の場合、親が子供時代にしたかったことを子供との関係の中でしている。親が子供時代にしたかった家族旅行を、自分の子供としている。家族旅行をしたいのは親の方で子供の方ではない。旅行中も親が子供に甘えている。旅行中に子供が「わーい、凄い」と言って大喜びしなければ親は不機嫌である。

親は自分が子供時代にしたかったことを子供に無条件でさせている。強制的にさせている。強制的に子供を喜ばせている。

親の方は、甘えの欲求が満たされて大満足である。しかし子供は親の無意識にある欲求不満に反応するから、満足していないどころか、嫌悪感がある。

でも親を喜ばせなければならないから、無理して嬉しそうな顔をする。

次のような場合も「親子の役割逆転」である。

母親は色々なものを子供に買ってあげていると思っている。しかし子供は満足しない。

すると親は「こんなに買ってあげているのに、まだ欲しいの？」と言う。

母親は子供が本当に欲しいものを買ってあげていない。母親が子供に買ってあげたいものを買っている。

実は甘えているのは、買ってあげている親の方であるが、それに親は気がついていない。


その母親はよく子供をサッカーに連れて行く。

母親は「子供が喜ぶから」と言って、その時は学校を休ませる。

普段、子供が「お腹が痛くて学校を休みたい」と言う時にはいい顔をしない。子供が学校を休むと母親は落ち込んでいる。

ところが家族皆でサッカーに行く時には、子供が学校を休むのは平気。

この母親は、子供と自分の欲求が一致する時には子供の欲求に敏感になる。

親の気持ちに都合良い時には平気で子供に学校を休ませる。

実は母親は自分が子供と一緒にサッカーに行きたい。母親は、それを家族の団らんと言う。

しかし家族の団らんを求めているのは、愛情飢餓感の強い母親であって、子供ではない。

これが「親子の役割逆転」である。

つまり経済的、肉体的、心理的に自立出来ていない子供を使って、母親は自分の「昔の心の傷」を癒している。

子供は、母親のぬいぐるみになっている。

こういう子は大人になっても脅しに弱い子になってしまう。

その母親は小さい頃、家族団らんが欲しかった。家族でスポーツ観戦にも行きたかった。しかしそれが出来なかった。

母親は自分がしたいことを「子供のため」と言ってしている。母親はその欺瞞に気がついていない。

親の方が子供に甘えている。

「親子の役割逆転」の極致は、マスコットと言われる役割を子供が引き受ける時に起きる。

子供は成長する過程でマスコットを使う。ぬいぐるみを「嫌い！」と言って壁に投げつける。あるいはもっと酷くなると「お腹を切ってやる」と叫ぶ。

そして何よりもこのぬいぐるみの良いところは、そういって投げつけても自分に噛みついてこないことである。

これが犬だったらダメである。嚙みつく可能性がある。同じ人間だったらもっと嚙みついてくるかもしれない。

ロロ・メイも「人形は、人間の側に何の要求もしない。こどもは、熊や人形の中に自分の望みのものを何でも投射することができるし、こどもは、自分の成熟の度合いを超えて、相手の要求に応じて、共感を強いられることはない(註11)」と述べている。

親の不満はこればかりではない。例えば「親子の役割逆転」をする親が自己実現していなくて不満になっている。その不満から子供に色々と要求が出てくる。

しかしその親の要求は通らない。子供は親の思うように動かない。

親は今までの色々な種類の不満を一緒にして子供にぶつける。

心の葛藤は、その人自身が直面しない場合には、人間関係を通して表れる。

人は何らかの心の問題を抱えている。その自分の心の問題を解決するために相手と関わっていく。

その人の心の葛藤は、恋愛をすれば恋愛関係を通して表れる。結婚をすれば夫婦関係を通して表れる。

子供が出来れば親子関係を通して表れる。

サディストの側にとっては、親子関係ほど真実を隠すのに都合の良い関係はない。

「親子の役割逆転」の場合、隠れたサディストによって育てられているから子供自身も攻撃されていることに気がつかない。

それは美徳による虐待である。愛の仮面を被った虐待である。双方が、本当のことに気がついていない。

日常生活におけるサディズム。それが所謂モラル・ハラスメントである。

問題はモラル・ハラスメントをする人が、そのことを意識していないということである。相手を拒絶し、相手を追いこんでいるのを意識していない。苛めはあくまでも無意識である。

善人の顔をしながら、相手が罪の意識を持つように追い込む。モラル・ハラスメントは手の込んだ苛めであり、虐待である。

とにかく相手を操作する。地獄の罠にはめる。しかも自分は善人だと思っている。

それがモラル・ハラスメントの加害者である。

「親子の役割逆転」をする親は常にモラル・ハラスメントをしている。

パワハラよりも深刻で、しかも完全に隠されている。

パワハラは苛められている方が苛められていると気がついている。

「親子の役割逆転」は苛められている方が苛められていると気がついていない。

「親子の役割逆転」をする親は、家の外でも誰とも心がつながっていない。それが子供との関係で表現される。つまり子供へのサディズムとなって表現される。

神経症者は人とつながっていない。それが近しい人との関係で表れる。(註12)

３　母親固着

親の苦労話を子供にしてはいけない。また親の自慢話を子供に聞かせてはならない。

子育てで大切なのは、子供の話を聞くことと子供と話すことである。

子供が親の自慢話を「凄いなー」と聞かなければならない時がある。「親子の役割逆転」である。親が子供に甘えている。

子供を聞き役にしてはいけない。しかし「親子の役割逆転」では子供が聞き役になる。

子供が親をお守りしている。先に書いたように「子守り」ではなく、子供の「親守り」である。
「親子の役割逆転」をすると、子供はナルシシズムが消えない。ふつうは親が自慢話を聞いてくれるのでナルシシズムが満たされて消える。「親子の役割逆転」で生長した子は、そういうことがないからである。そういう人は五十歳になっても八十歳になってもナルシシストである。

夜は恐い夢などを見る。歩いていると足だけが歩いていたりする。
誰かと話すとなんだかよく分からないけど周りの人まで気になってしょうがない。
そこにいるだけで苦しくなってくる。
親はいつも夕食の時にテーブルをひっくり返す。箸入れを投げる。
小学校の頃、いつも父親と一緒になって他人を貶して笑っていた。
「父親はそうしている時が幸せなんだな」と思っていた。
以上は「親子の役割逆転」をされて成長した子供が話してくれたことである。
この子は小さい頃から、子守りではなく「父親守り」をしている。
「親子の役割逆転」とは、親が子供に母親固着している状態である。
「子供に母親固着する」とは矛盾した表現であるが、その通りである。

つまり次のようなことである。

フロムによると母親固着の病理的な第二段階にある男性は自己主張のある女性を嫌う。「ほとんど何の要求も持たない女性、つまり無条件で頼れる人を必要とするような固着である」(註13)

それと同じで「親子の役割逆転」をする親は、自己主張する子供を嫌う。自分の意見のある子供を嫌う。無条件で頼れる子供を必要とする。

情緒的未成熟で母親固着の強い男性は、女性に母親を求めて、母親固着の心理状態になる。そのことは「親子の役割逆転」の心理にも通じる。本来母親に求めることを子供に求める。

そして実は、本当の母親固着の男性よりももっと悪い。

「親子の役割逆転」をする男親は、女性に求めても得られないから、つまりそういう女性がいないから、最後に自分の子供に母なるものを持った母親を求める。

全ての女性から相手にしてもらえない男性、あるいは全ての男性から相手にしてもらえない女性、そういう大人が親子関係の中で、子供に母親を求める。

ところで恐ろしいのは、さらに進んで近親相姦的固着の第三段階である。

その病理的兆候は「自分自身であること、自己の信念を持つこと、身を委ねることに自由ではない」(註14)。

「常に民族的、宗教的、国家的な母親固着という牢獄につながれている」(註15)

実はこれが今の世界を混乱させているテロリストたちである。

正義の仮面を被って登場し、「神は偉大なり」と叫ぶ彼らの心理こそ母親固着の心理である。

テロリストの心理については自著『「正義」と「憎しみ」の構造』（PHP研究所）の中で書いており、ここでは説明する紙幅がないため割愛するが、ここで指摘したいのは、「親子の役割逆転」の心理とテロリストの心理に共通性があるということである。

つまり指摘したいのは、今の世界の混乱の本質的要因は政治的、経済的要因だけではなく、もっと深い人間の心の問題にあるということである。

「神経症者には他人には他人自身の望みや意見があるという単純なこと、他人が批判的に見ることもあるという単純なこと、他人は彼から何かを期待することもあるという単純なことが、彼には毒のある屈辱に感じられる。そして怒りがくすぶる」(註16)

「親子の役割逆転」をする親は、子供が何かを親に期待すれば、それは許しがたいことなのである。子供には子供自身の望みや意見があるという単純なことが、「親子の役割逆転」をする親には屈辱に感じられる。そして子供に怒りが湧く。

母親固着の男性が、無条件の賞賛とかしずく女性を求めるように、「親子の役割逆転」をする親は、かしずく子供を求める。無条件の賞賛を子供に求める。これが母親固着の第一、第二段階である。

親子関係で、子供には子供自身の望みや意見があるという単純なことを理解していなければ、親子関係は上手くいくはずがない。

「子供自身の望みや意見があるという単純なこと」を「けしからん！　許せない」と怒っていたのでは関係は成り立たない。

「親子の役割逆転」をする親には子供が自分と同じように相手に何かを望むということが認められない。

アメリカの土産物屋で買った紙に次のような文章が載っていた。子供の親への願いを書いた詩である。

「どうか、信頼して尊敬してください、私が貴方より小さくても。私にも貴方と同じ感情があり、要求があります」

一般に安全を感じる子供のみが、健全に成長へと進むとマズローは言う。満たされないと常に背後から満たされることを要求し続ける。満たされない欠乏欲求が、固着や退行へと導く力である。

その結果、人は母親固着の心理状態に止まる。

つまりフロムの言うように「無制限に自分のことを賞賛する女を求める」。

彼らは「自分を慰め、愛し、賞賛してくれる女性が必要である、母親のように保護し、養い、世話をしてくれる女性を必要とするのだ」(註17)。

そういう愛を獲得しかねると、「彼らは軽い不安感と抑うつ状態におちいりやすい」(註18)とフロムは言う。

「親子の役割逆転」をしている時には、親が子供に固着している。「親子の役割逆転」をしている場合には、母親固着でなく「子供固着」である。

親は子供が従順であることを必要とする。子供に従順を求める。強要する。

親である自分に従順でなければ、殺したいほど子供を憎む。

母親固着の男性は、自分にかしずく女性を求める。「親子の役割逆転」をする「子供固着」の親は、無意識で子供が自分を慰めることを求める。求めて得られなければ殺したいほど憎む。

母親固着の男性が女性の自己主張を嫌うように、「親子の役割逆転」をする親は、子供の自己主張を嫌う。

フロムが言うように母親固着の男性は無条件で頼れる女性、責任や自由、意識性にともなう負担を背負ってくれる女性を求める。

同じように「親子の役割逆転」をする親は、小さな子供に無条件で頼れる人間であることを求める。つまり子供に、親である自分の人生の重荷を背負うことを必要とする。

4　子供に依存する

さらにもっと深刻な問題がある。

神経症的愛情欲求をする人は、敵意があるから素直に愛情を求められない。

「親子の役割逆転」で例にとってみる。

親は無意識で、ある子に愛情欲求をしている。しかしその子を他の子供と一緒になって苛める。その子だけを仲間はずれにする。

それはその子に今よりももっと自分の方に注意を向けてほしいからである。子供に素直に「愛してほしい」と言えない。

その子を苛めることで、もっと自分に注意を向けさせようとする。

ちょうど子供が親に注意を向けてほしくて、悪いことをするのと似ている。

子供にとって親から無視されるよりは、親から怒られた方がまだ良い。そこで子供は悪いことをする。

「親子の役割逆転」が問題なのは、親が素直に子供に甘えることが出来ないことである。

親は子供に甘えて攻撃性を持ちながら、その子供に対する敵意を、躾と合理化する。

そこが「親子の役割逆転」の問題点である。「親子の役割逆転」とは単純に親が子供に甘えることをいうのではない。

子供が親に甘える時には、素直に甘えることが多い。「親子の役割逆転」の場合、親が子供に「甘える」心に隠されているのは憎しみである。

子供が親に愛を求める結果、親に攻撃性を持つという場合には理解しやすいが、親が子供にこれをすると理解されにくい。

しかし心理的には同じことである。とにかく親は自分が頼りにしている子供に自分の方を向いてほしい。自分が期待するように自分に注意を向けてほしい。

しかし同時に親はその子に敵意がある。それはその子に依存心があるからである。親は子供に「こうしてほしい、ああしてほしい」という要求を持つ。その要求がかなえられないと不満になって敵意を持つ。それが依存的敵意である。

子供が親に依存的敵意を抱くことは理解しやすい。しかし「親子の役割逆転」をしている時には、同じことが親に起きる。

親は依存している子供に敵意を抱く。

そして「親子の役割逆転」の場合、親のこうした愛情欲求は二重束縛である。

一方で子供に愛情を求め、他方で子供に敵意を抱く。「杖を挙げて犬を呼ぶ」という格言通りである。

「親子の役割逆転」をする親は、例えば姉には子羊、弟には狼になる。

しかし親は自分が迎合する姉の方を信頼しているのではない。苛めている弟の方を信頼している。

歳をとった時にどちらを頼りにするかと言えば、苛めている弟の方である。

さらにここで注意しなければならないのは、歳をとってからの親孝行との違いである。

子供が四十五歳で親が七十歳だとする。親を介護するのが当たり前のことと思う。普通の場合はそうである。

しかし「親子の役割逆転」をしている場合には、四十五歳と七十歳でも同じことが起きている。

そもそも「親子の役割逆転」をする親は、小さい頃から、その時期その時期の心理的課題を解決しないで生きてきている。心理的に未解決な問題が山積みになっている。

七十歳になっても、八十歳になっても同じである。いや、高齢になってさらに頑固で孤独になっているから、子供に対する甘えや憎しみやしがみつきはさらに激しい。

高齢の親は、苛めながらもその子を仲間として引き留めようとする。上手くいかなければ僻んだり、拗ねたりして不機嫌になる。子供の手に負えなくなる。とにかく親が不満な上に不安である。

「親子の役割逆転」をする親は、自分にとってなくてはならないものが嫌い。

子供は母親を独占したい。これは誰もが理解する。この同じ心理が「親子の役割逆転」をする親に起きる。

親は子供にしがみつく。その子供を独占したい。

その結果、子供は親以外の人と親しくなることを親に対する裏切りと感じる。

子供は自分でない自分になることを強要される。子供は自分自身であることを放棄する。世界は自分の敵になる。

拗ねた親にしがみつかれる。こうした「親子の役割逆転」により子供の心に高くて厚い壁が出来る。

その結果、子供は他人と親しくなることが出来なくなる。他人と真の感情交流が出来ない。親が子供を独占し束縛している。束縛された子供は、周囲の世界に対して強固なシェルターを作る。心の壁である。この強固なシェルターを壊すことは難しい。

そして親子共々この心の作業は無意識である。この関係は隠されているため周囲の世界からは、仲の良い親子に見える。

5　自我の未確立

「親子の役割逆転」をする親は、人生の諸問題から逃げてばかりいるから、もちろん自我の確立はない。親の人生は人に見せるための人生になっている。

親は自己実現に努力するのではなく、自分を偉く見せるために全てのエネルギーを消費する。

それにもかかわらず全ての人から尊敬を得ることに失敗した。

親は「人からの賞賛」を得ることを目的にして生きてきたがために、自分の自己実現は全て犠牲にされた。

家庭もまた「人からの賞賛」を得るための手段であった。「素晴らしい家庭、素晴らしい家族」と人から言われるための家庭であり、家族であった。

そのために「過剰なる虚偽の愛情」で家族は窒息し、ほとんどの子供は神経症へと追い込まれた。

「完全を求める背後の動機に世間の眼がある」とはハーバード・フロイデンバーガーの著者の言葉である。

親は自分や自分の家族を完全なものとして世間に印象づけようと必死の努力をした。

その結果、虚構としての家族が出来上がる。「完全は虚構の世界」というのも同じくフロイデンバーガーの言葉である。

しかしこの心理的な虚構の家族は、社会的には正常な家族に見える。

だが社会的には正常に見えてもお互いに励まし合い、助け合う家族ではない。

相手を「励まし、誉める、思いやる」という気持ちが生まれるのは自分の心の葛藤が、解決してからである。

そうでないと励ましは「脅し」になる。励ましという名の脅しである。

誉めることが「煽てること」に、思いやりが「束縛」になる。

「親子の役割逆転」をする親の子育てについては、常に隠された真の動機がある。そういう場合、子供は常に何とはなしの圧力を感じる。

親は常に仮面を被っている。子供も常に仮面を被っている。

親の不安、愛情飢餓感、無力感、社会的劣等感などが、愛情という仮面を被って、子供に対して表れた時、「従順で素直なよい子」が現れる。

「親子の役割逆転」の場合、「成功はくだらない、家族の愛だけが価値がある」という息の詰まるような価値観の家庭が出来上がる。

本当は出世したいのだけれども自分は出世出来なかったというのが現実だが、それを認められない。

そこで防衛的価値としての家庭とか愛を持ち出す。「親子の役割逆転」をする親は、家庭とか愛を、本当には信じていない。

愛という名の下に何がなされたか。

例えば所有欲の強い親の場合は、憎しみと恐怖が愛という仮面を被って登場する。

そういう親たちは、自分の能力を自己実現のために用いない。自分の心の葛藤を解決するために子供を利用する。子供に従順を強いて巧みに子供を操ろうとする。

「過剰な虚偽の愛よりは、不足した真実の愛の方が子供にとっては耐え易い」という言葉をヴァン・デン・ベルク著、足立叡・田中一彦訳『疑わしき母性愛』（川島書店）という書籍の中で読んだことがある。

親が自分の心の問題に直面することを避けて、子供を巻き込み、子供を心理的におかしくする。

人は心に葛藤があると他人を操作しようとする。最も操作しやすいのが、子供である。

「カエサルはすべての人に自分は神であり、もっとも強く、もっとも賢い人間であると無理に同意を強いた[註19]」

ナルシシストの親は、現実には駄目な父親でも、子供に「偉大な父親」と思うことを強いる。

まさに子供を巧みに操って、自分を「偉大な父親」と思わせる。

ナルシシストは「現実をある程度まで自分のナルシシスティックな自己像と一致するような変形を企てることである」[註20]。

6　依存と敵意

依存性は支配性を裏に含む。その結果、依存心の強い人は、相手との関係が敵対的になる。なぜなら相手を支配しようとするが、相手は自分の思うようにならない。そこで所謂、敵対的依存という関係が生じる。

「親子の役割逆転」をする親には、幼児と同じ強度の依存心がある。

同じように親の心の中にある母親固着も様々な要求を含んでいる。

しかしその要求はかなえられない。その結果、激しい怒りを生む。

依存心が強いということは「してもらう」ことばかりを考えているから、実際の人間関係では怒りを生む。

「自分が何かをする」という感覚がない。「してもらう」ことしかない。「これは、自分のすること」という感覚がない。

「依存と支配」の関係ということがよく言われる。それは愛情飢餓感の特徴である。

愛情飢餓感が強ければ、それだけ人が自分の思うように動いてほしいし、動いてくれなければ傷つく。

「依存と敵意」の関係も同じことである。それは愛情飢餓感の症状である。

相手に依存しているから、相手に自分の思うように動いてほしい。しかし思うように動いてくれないから、傷ついて相手に敵意を持ってしまう。

助けてくれと頼んだ人から、助けてもらえない。その時に傷ついて怒りが生じる。

そういう人は恋愛をしても、すぐにうまくいかなくなってしまう。それは、愛情飢餓感から「依存と敵意」になり、依存する恋人に敵意を持つようになってしまうからである。

依存をしていれば要求は多くなる。要求が多ければ、それが通らなくて傷つく機会も多くなる。


「親子の役割逆転」をする親は、全ての人間関係で失敗している。そしてこの愛情飢餓感の持つ矛盾を、子供との関係で一挙に解決しようとする。しかも子供に対する要求は矛盾せざるを得ない。

「親子の役割逆転」をする親は子供に怒りをぶつけながらも、子供に愛を求める。

この矛盾は、神経症的傾向が強い人の一般的な特徴である。

相手に近づいて親しみを持とうとすると、なぜか敵対心が生じてくる。敵対心から離れようとすると、なぜか近づきたい気持ちが湧いてくる。

例えば引きこもりである。家族が嫌いだけれども、家族なしに生きられなくて、家に引きこもる。引きこもりは神経症である。矛盾を抱えている。

家族が嫌いだけれども、家族から離れられない。

かまわれたいけど、かまわれると嫌。

干渉を嫌うが、干渉されないと淋しい。


「親子の役割逆転」をする親は、子供が思うようにいかない。すると親は子供に敵意を抱く。

親は子供を嫌いなだけではなく、人間が嫌い。

人間を痛めつけることが、「心の癒し」というくらい、人間に憎しみを持っている。

それは「親子の役割逆転」をする時期まで、全ての人間関係に失敗してきているからである。

その時までの心理的に未解決な憎しみが、全て子供との関係に持ち込まれる。

とにかく子供にしがみついていたい。

「親子の役割逆転」をする親は、子供の人生が悪くいっている方が無意識に喜んでいる。意識では辛いと言いながら、無意識では喜んでいる。

「親子の役割逆転」をする親は、しがみついている対象を虐待する。しがみついている対象に怒りを持つ。

本来は子供の側が親に依存し、自分の思うように支配しようとしている。それが「親子の役割逆転」の場合には、逆に親が子供に依存し、しがみつき、子供を思うように支配しようとする。それが上手くいかないので親が子供に怒りを持つ。


「親子の役割逆転」をする親は、子供に対しては狼、他人に対しては子羊になる。子供に対しては利己主義、他人に対しては非利己主義。

「親子の役割逆転」をする親が、時に子煩悩な親と言われるのはそのためである。

妻に暴力をふるう夫がいる。DVと騒がれる。しかし妻が怖くて、妻に暴力をふるえない時には子供に暴力をふるう。

したがってその暴力は妻に対する暴力よりも凄まじい。

カレン・ホルナイは、神経症者は二つの世界に住んでいると言う。一つはプライベイトな世界であり、もう一つは公的な世界である。(註21)

公的な世界が外面である。プライベイトな生活が「親子の役割逆転」で、内面である。

7　ありのままの自分

小さい頃、自分にとって重要な人からありのままの自分を拒絶された人は、自分自身もまたありのままの自分を拒絶する。

健全な心を持つために大切なのは、他人の期待に添うのではなく、本来の自分の期待に添うことである。

しかし「親子の役割逆転」で生長した子供は自分自身を放棄している。

「親子の役割逆転」で生長した子供は社会的には、事件を起こさない限り正常であるように見える。

それは「親子の役割逆転」をする親も同じである。社会的には正常に見える。

マズローは「完全な矛盾」（註22）という言葉を使っている。内容は社会的正常性と、心理的正常性が矛盾していることである。

フーベルトゥス・テレンバッハも病的正常性という言葉を使っている。社会的には正常であるけれど、心理的には病気であるということだ。

自分自身でないことを強いられたからといって、犯罪があるわけでもなければ何があるというわけではない。社会的には全て正常であるが、彼は拒絶されている。

彼は事実、自分なしに生きている。(註23)

肉体的殺人は犯罪になるが、心理的殺人は法律的な意味では犯罪にはならない。

子煩悩に見える父親が、実はサディストである。殺人者である。世間はそのサディストの親を子煩悩な理想の親として見る。

「親子の役割逆転」では親も子供も社会的には正常に見える。しかし親も子も心理的に病んでいる。

だが何か社会的事件になれば、子供の側が批判される。

周囲の人は神経症者の心の中を見ないから、親のことを「そういう人ではない」と言う。そして子供については「なぜ?」と言う。

彼らは何を失っているのか?

マズローの言葉を借りて説明すれば、両者共に真の自己を失っている。両者共に自己肯定感を失っている。

真の自己とは成長する能力そのものであり、その人の根源のシステムであると(註24)マズローは言う。

両者共々に疑似自己として生きている。社会的には正常であるが、両者共々に自己は引き裂かれている。

これが、社会的事件が起きた時にメディアが口をそろえて言う「あの仲の良い家族に何があったのか？」である。

第4章　子育ての裏側で

1　過剰な甘やかし

「親子の役割逆転」の何よりも大きな特徴は「隠されている」ということである。「親子の役割逆転」をする親は、現実に子供から心理的な慰めを得ながら、自分が「親子の役割逆転」をしていることに気がついていない。

「親子の役割逆転」をする親は、自分が、子供から搾取しているにもかかわらず、逆に子供に与えていると思い込んでいる。

その「奪っているのに、与えているという錯覚」が激しければ激しいほど、現実の搾取も深刻である。

自分の心を癒すために徹底的に子供を痛めつけ、搾取し、骨までしゃぶっていればいるほど、自分はもの凄い愛を持っていると思っている。

そしてこの錯覚は、親の側ばかりではなく、子供の側にも起きている。つまり子供は深刻な苛めに苦しみながらも「愛されている」と思い込んでいる。

それだけ双方は不安と恐怖に怯えて生きているということである。

とにかく不安から目を背けるためには、幻想の世界に入り込むのが一番良い。

カルト集団の中にある幻想は、誰もが認める。しかし社会を震撼させる家族関連の事件が起きたときには、その家庭の中にも程度の差はあれ本質的には同じことが起きている。

そしてそれが外からの誤解にもつながることが多い。だからこそ、子供が親を殺した時に、新聞は「父親は子煩悩だった」と書く。


そういう場合、子供は甘やかされすぎたというのは嘘である。甘やかしすぎたと見えるのは、親の子供に対する敵意の反動形成でしかない。

親の子供に対する敵意の反動形成で、親は子供を過剰に「愛する」。

子供を甘やかしすぎてダメにしたということはない。子供の甘えを満足させることは良い。甘えを満足させてもらうことで、子供は心理的に成長できる。


愛撫が何より大切だということは多くの人が認めることであるが、ここで一つ問題がある。

それはジークムント・フロイトの言っていることである。

「神経症の親たちは、一般に、過剰な愛情を示す傾向があり、彼らは、愛撫によって子どもの神経症への気質を最も誘発させやすい親たちであることは確かである」(註25)というフロイトの言葉をボウルビィは紹介している。

神経症者の愛撫とはどういうものであろうか。

それは親が、自分が安心するために子供を愛撫することである。神経症者の愛情は過剰になる。

愛撫は、普通は本能でする。心理的に健康な人は、自分が安心するために愛撫することはない。

ところが神経症者は自分が子供を抱くことで、自分が安心しようとする。

神経症者が愛撫する時には、相手の存在はぬいぐるみと同じである。

親の愛情は、子供の抱き方で分かる。母親が「この子が好きです」と言っても変な抱き方をすることがある。力が入っている。自然な抱き方ではない。

抱き方は技ではない。心である。

フロイトの言う神経症者の愛撫、それは自分が安心するために子供を愛撫することである。

その典型が「親子の役割逆転」をする親の愛撫である。

神経症者の愛情は過剰であるが、全て自分が安心するための愛撫である。

それが外から見ると子煩悩に見える。

だから強度の神経症者を、メディアは時に「父親は子煩悩だった」と書くのである。

親の悪影響は神経症者の愛撫ばかりでなく、子供を甘やかしたり、厳しくしたりという一貫性の欠如にも表れる。この悪影響も深刻な問題である。

一貫性の欠如が子供にもの凄い不安を生む。(註26)

子供はいつ過剰な甘やかしから、過剰な厳しさに変わるか予想が出来ない。

子供を甘やかしたり、厳しくしたりという一貫性の欠如の中で、甘やかしているように見える時が、甘やかしている親が自分の愛情飢餓感を満たしている時である。

あるいは敵意の反動形成であり、過剰補償である。

外から見て「子煩悩に見える」ことは、多くの場合、「過剰な虚偽の愛」である。メディアが子煩悩と言う時には、ほとんどの場合、親の敵意と過剰補償の例に過ぎない。

2 隠された虐待

「親子の役割逆転」で、子供は親から搾取されても、無視されても、虐待されても、親の愛を求める。それが人間の心理である。

親からとことん苛め抜かれ、搾取されても、それでも子供は自分の親を「良い親」と思いたい。また意識の上では「良い親」と思っていることが多い。

「親子の役割逆転」で生長した子供は、辛い体験を「楽しい体験」と信じて生きていることが多い。

大人になって思い起こせば辛いことばかりの少年時代を「少年の時には楽しかった」と信じて生きている。

本当のことに気がつかないのは、親から悪く思われるのが恐いからである。

こうして子供は真の自己を失う。自己肯定感を失う。

こうして「親子の役割逆転」において、親子共々成長への力を失う。

親を悪く思えないというのも、親への依存心が強いからである。

親への憎しみと依存心は矛盾する。そこで憎しみを抑圧する。

親に恐怖感を持つのは依存心が強いからである。一人になるのが恐いからである。「孤立と追放」が恐い。

親が子供を苛めるというのが理解出来ない人もいる。

苛めるとは、簡単に言えば親が自分の心の葛藤を子供で解決するということである。

単純な例で言えば、自己憎悪の外化である。自分自身に対する憎しみを子供を通して感じる。

「親子の役割逆転」をして、その上で子供への依存心から子供に不満になるし、子供に敵意を持つ。

「親子の役割逆転」をする親の、子供に対する敵意は親の依存心の必然の結果である。


「猫がネズミをなぶり殺す」というと、酷いことをする動物がいるものだという人がいるかもしれない。

しかし繊細な子をからかう大人などはまさにこれをしている人たちである。

英語でも「猫がネズミをなぶり殺す」という表現がある。「彼と、猫とネズミの遊びをする」(play cat and mouse with him）という言い方である。

これがサディストである。

猫がネズミをなぶり殺す。カレン・ホルナイはサディズム的愛という講義の中で女性が男性をなぶり殺している例を出している。

幸せな人は刺激と興奮を必要としない。(註27)

親が子供を「なぶり殺す」とはどういう場合であろうか。

親は、自分の不安定性愛着という心の問題を解決するために、子供に「見捨てる」という脅しをかける。

「親子の役割逆転」をする親は自分自身が子供に甘えたい。子供が自分から逃げないように「脅し」をかける。

猫がネズミをなぶり殺すのと同じである。つまり猫は、ネズミを自分のものとして逃げられない状態にしておいて、苛める。

親が子供に対して保護者の役割を交代する事例があるとボウルビィは言う。

「このような事例の場合、過剰依存的であるのは、より適切な用語を用いれば、不安定性愛着を示すのは、子供ではなく親なのである」(註28)

子供が自分の望むように動いてくれないから、親は苛立つ。

親が子供を見捨てるという脅しは、この親の不安定性愛着を解決するための脅しである。

子供の、この種の強い不安は「親の愛情の過剰に対する反応ではなく、逆の種類の経験に対する反応に近いということが確証されるのが普通であろう」(註29)。

以前、親が子供の首を絞めて子供を殺すという悲惨な事件があった。その時にある週刊誌は「親が子供を愛しすぎたため」と書いた。

親が子供をとことん苛める。猫がネズミをなぶり殺すのと同じことをしても、メディアはなお、親は子供を愛すると書く。世間の誤解の中で、「親子の役割逆転」ほどいき渡っている誤解はないであろう。

「一方で、愛情の取り消しや子捨てなどの親のおどしは、すでに考察されたように、非常に内密にされやすいおどしである」(註30)

子供が問題を起こした時に「過剰依存」とか「甘やかされた」という術語は、不適切である。ボウルビィが言うように甘やかされた結果であると思われる行動は、満足の過剰の結果ではなく、愛着人物の有効性が不確実である結果による。

つまり子供は、甘やかされすぎて、大人になって不安定になったのではなく、親が不安定性愛着を示した結果、子供は大人になって不安定になったのである。

子供が心理的に不安定になったのは、親の愛の過剰の結果ではなく、子供から見れば悲惨な経験の結果である。(註31)

3　降り積もる悔しさ

「親子の役割逆転」をする親は子供に全く無関心であるが、子供が親の言いなりにならなかった時の怒りは凄い。

それは親のナルシシズムが傷つけられた怒りである。

「親子の役割逆転」は、親の心の葛藤の包括的解決である。今までの矛盾した人生の問題、広範な日常生活の問題を包括的に解決しようとする。カレン・ホルナイの言葉を借りれば神経症的解決である。

「親子の役割逆転」をする親は、日常生活の様々な甘えの不満からくる憎しみを子供に向けるから、子供に対する苛めは凄まじい。

それまでに接してきた人々との関係でとにかく「悔しかった」。例えば配偶者に対する甘えが満たされないで配偶者に対する憎しみを、あるいは姑、あるいは自分の友人などを含めて今まで出会った人々に対する甘えが満たされないで憎しみを持っている。それらを全部ひっくるめて、子供を苛めることで解決しようとする。

「親子の役割逆転」をする親は今までの人生が、望むようにいかないで悔しかったのである。

しかし弱いから、その悔しさを人生という戦場での戦いで晴らすことは出来ない。

「私はこう生きよう」という思いがなくて、その悔しさの感情に振り回されて、子供を苛めている。

それも家族の中の他の子と組んで、ある優しい苛めやすい子を苛める。「親子の役割逆転」をする親が、苛める子に最も甘えているのは当たり前である。苛める子に最も頼りながら、その子を家族の仲間から外す。

ここまで来ると「親子の役割逆転」は「親子の役割逆転」であるが、神経症的「親子の役割逆転」である。

「親子の役割逆転」をする親は、心の底で絶望している。もうどうにもならなくなっている。

カレン・ホルナイが「絶望的苦しみは、その人を他人に対して有毒な人にしていく」(註32)と説明をしているが、ジョージ・ウェインバーグの著作(註33)の中にも有毒な人という言葉が出てくる。

不幸になる人は、有毒な食べ物も、健康に良い食べ物も無差別に食べているようなものである。

人間の最大の義務責任は「この私が幸せになること」である。

好意的サディズムやサディズム的愛の後ろには隠れた絶望がある。

「親子の役割逆転」をする親は心底自分に絶望しているのである。「悔しい」という感情だけで生きている。

レジリエンス（心理学）の解説で出てくる言葉を使えば、プロアクティブではない。リアクティブである。要するに人に対する反応だけで、自分からこうするということがない。

「自分がある」とはプロアクティブである。「自分がない」とはリアクティブである。

「自分がある」人は、他人の態度に振り回されない。自分本来の感情で生きようとする。

「自分がない」人は、他人の態度に振り回される。自分本来の感情で生きようとしないで、「悔しい！」という気持ちに支配されて生きる。


神経症の神経症たる特徴は、神経症的解決に表れる。

典型的な例はサディズムとマゾヒズムである。

サディズムが自己拡張型解決であり、マゾヒズムが自己消滅型解決である。

「親子の役割逆転」をする親は、「親子の役割逆転」という方法で、自らの神経症を解決しようとしている。

自らの心の葛藤に直面せずに、自己実現せずに、自分の病んだ心のままで、生き延びようとする。

自分の人生の諸問題を自ら解決しようとする心の姿勢がない。

全ての人生の問題の解決に失敗して、最後に子供を巻き込むことで、自分の心の矛盾を一気に解決しようとする。それが神経症的「親子の役割逆転」である。

そういう意味で、「親子の役割逆転」は神経症的解決の一つの方法である。

「親子の役割逆転」をする親は、小さい頃からずるく立ち回って様々な問題を解決しないで生きてきた。とにかく自分の問題を他人に責任転嫁して生きてきた。質量ともにもの凄い問題を心の中に抱えている。

彼らの感情を一言で表現すれば「悔しい！」である。

その質量共にもの凄い問題の全てを一括して解決する方法が、「親子の役割逆転」である。

「親子の役割逆転」をする親は、全ての人間関係に挫折している。しかも求めて努力して挫折したのではない。闘って挫折したのではない。

ただ甘えているだけで何もしない。努力することを回避して挫折した。そんな安易な生き方が挫折するのは当たり前のことである。

そこで子供は最後の命綱である。

だから「親子の役割逆転」をしなければ親は自殺していた。人生の不可避的な課題を、全て回避して生きられると思ったがゆえの誤算である。

今述べたように「親子の役割逆転」をする親はずるい。自分の意思がない。

例えばある子供に「この家は最後にはお前の家になる」と言う。そう言って相続で子供に恩を着せて、子供を思うように使おうとする。

しかし意識の上で「騙そう」と思っているのではない。自分にも子供にも嘘をつく。

そのように自分で自分をごまかしておいて、「こと」を都合良く済ませる。つまり他の子に家を渡す。

子供を騙す。しかも騙した意識なく騙す「ずるさ」がある。

「親子の役割逆転」をする親の態度の特徴は「ずるさ」であり、感情の特徴は「悔しい」である。

4　子供にダンプする親

「親子の役割逆転」をする親は、どこにも仲間がいない。家族が嫌いなだけでなく、学生時代の親友もいない。会社にも親しい人がいない。

とにかく人生の不可避的な課題を全て回避して生きてきたのだから、どこにも心のふれあいはない。

人と語り合うことが出来ない。同僚と酒を飲んで、上司の悪口を言って憂さを晴らすことはない。

とにかく子供しかいない。

全てのマイナスの感情のはけ口を子供に求める。したがって子供に対する独占欲が凄い。幼児が親に独占欲を持つのと同じことである。

「親子の役割逆転」をする親は、子供を孤立化させる。子供が友達と仲良くなることを好まない。

カレン・ホルナイはサディズム的愛の説明の中で「そしてパートナーを孤立させる。相手を所有することと貶すことのプレッシュアーを結びつけて、相手を完全な依存状態に追いこむ」(註34)と述べている。

これが「親子の役割逆転」をする親である。

カレン・ホルナイはさらに、「彼女は人生に対する怒りを持っている。なぜなら彼女の期待は全て実現しないから」と述べている。

彼女は幸せになれるものを全て持っている。安全も、家も、献身的な夫も。しかし彼女は内的な理由（inner reasons）で何ものも楽しめない。(註35)

「親子の役割逆転」をする親は、幸せになれるものを全て持っている。妻も子供も仕事も何もかも持っている。

しかし「親子の役割逆転」をする親は、「悔しさ」という内的な理由から何ものも楽しめない。心が地獄だから外側がどんなに恵まれていても、生きることを楽しめない。

その内面に目を向けないで、子供にしがみつくことで人生の問題を解決しようとした。

カレン・ホルナイの言葉を借りれば「彼女は何をしても楽しくない」。(註36)

「親子の役割逆転」をする親は「何をしても楽しくない」。その原因は「悔しさ」であり自己憎悪であるが、その原因は子供だと思い、子供を責める。

自己憎悪している人は何をしても楽しくない。「親子の役割逆転」をする親は子供を常に叱る。そして子供を叱る本当の原因は自己憎悪である。

生きていることが楽しくない人が、意識の上で子供に厳しい躾をしている時には、無意識では苛めである。つまりモラル・ハラスメントである。

生きることを楽しめない原因を自分の自己憎悪から、子供の態度に責任転嫁する。

だから子供が思うようにいかない時には怒りは激しい。子供の成績が思うようにいかない時に、子供を「集中治療室」に閉じ込めて勉強させたという医師の話が、新聞に載っていた。

この結果、子供は神経症になる。神経症とは、親の無意識の必要性を満たすために、育てられた子供が陥る症状である。

親の心の葛藤の解決に巻き込まれた子供である。

親が自分の心の葛藤を解決するために子供を巻き込む。

心の弱い人は自分の心の葛藤を解決するために人を巻き込む。その時に一番巻き込みやすいのが子供である。

つまり心理的に問題を抱えていれば抱えているほど子供を巻き込む。深刻な心の葛藤であればあるほど子供を巻き込む。

そこまで深刻でなければ、子供でない人を巻き込む。例えば配偶者を巻き込もうとする。恋人を巻き込もうとする。

あるいは自分が社会的には不能なのに、つまり社会から恩恵を被りながら「社会が悪い」と言って騒ぐ。社会に対する加害者が、社会の被害者のような顔をして騒ぐ。これは非抑制型の人である。

それも出来ないのが、抑制型の人で「親子の役割逆転」をする親である。

子供を巻き込む親は、他に誰にも手を出せないから子供を巻き込むのである。いや色々な人を巻き込もうとして失敗して、最後に子供にしがみつく。

子供を巻き込めなければ死ぬしかない。それだけに子供に対するしがみつき方は凄まじい。

そこまで親の自我が弱い。自我が全く機能していない。つまり全く自立出来ていない。自分自身の願望も欲求もない。とにかく「悔しい」。

親が心理的に全くの幼児である。幼児は母親を必要とする。

幼児にとっての母親にあたるもの、それが「親子の役割逆転」をする親の子供である。


家庭内暴力で子供は家では暴れているが、友達には怯えている。

「外で子羊、家で狼」となる。

子供の親への暴力も、「親子の役割逆転」をする親の子供への暴力も、本質的には同じである。

内なる力が全くない人は、甘えられる人に対して全ての憎しみを発散する。甘えられる人には、凶暴になる。

「親子の役割逆転」の親の暴力、子供の家庭内暴力、これらの暴力をふるう人たちは外では怯えている。


虐待を許している人は、舐められている。

相手を舐めている側は、人との心のふれあいを持てないでいる人たちである。

舐めている人の方も心理的に孤立無援の状態である。

本来「舐めている」は食べ物に対して使う言葉である。幼児的願望を満たそうとしている比喩的な表現である。

それは「親子の役割逆転」をしている親の側の心理でも同じである。子供を舐めている。

親は周囲の人と心のふれあいを求めながらも、心のふれあいを持てない。甘えたいけど大人になれば甘える人がいない。大人になっているのに親しい人はいない。

しかし当たり前のことであるが、親は人との心のふれあいを求めながら、誰とも心のふれあいを得られないで拗ねている。

要するに全てを否定して、悔しくて僻んでいる。ますます孤立する。

そこで最後に子供との関係で心のふれあいを求めて、自分の悔しさを晴らし、愛情飢餓感を満たそうとしている。

親は情緒的未成熟だから、家では配偶者とも心のふれあいがない。会社でも誰も信頼していないし、誰からも本当には信頼されていない。

まさに「親子の役割逆転」をする親は、心理的に孤立無援の状態である。

その心理的な孤立無援の状態から脱するための必死の試みが「親子の役割逆転」である。

「親子の役割逆転」をする親は、全ての不満を子供にぶつける。親は全ての不満を子供に吐き出した。全てのマイナスの感情を子供に向けてダンプする。ダンプカーのダンプである。

要するに子供は、親のマイナスの感情の掃きだめである。

「親子の役割逆転」をするような親は心理的に幼稚である。したがって長年にわたってもの凄い不満が溜まっている。

それを全てお気に入りの子供に吐き出す。

子供が親の役割をするどころか、親以上の役割を果たさなければならなくなる。

親は、今までの家の外で溜まった鬱憤を全て子供の上にダンプする。また家の中で妻や夫との関係で溜まった鬱憤を全て子供の上に吐き出す。

そうなれば子供は凄まじい恐怖感の中で生長しなければならない。

大人になれば子供の全ての行動の動機は恐怖感である。

「子供の性格は両親の性格によって型にはめられ、それに応じて発展する」(註37)

親は「親子の役割逆転」で子供へ甘える。その「甘えの願望」が子供への「要求」に変化、発展する。親は、その要求がかなわなくて、さらに要求が「怒り」に発展する。

そのもの凄い怒りを、処理出来ない場合には、親はもの凄く不安になる。

要求が不当に大きいということは、人生の当たり前の困難を受け入れることが出来ないということである。

その結果、嘆きになる。「こんな家族しかいないのか」と自己憐憫に陥ることもある。

まさに「親子の役割逆転」にまで至った時には、親の人生はデッドエンドに近い。「親子の役割逆転」が最後の手段だから、それが成功しない場合には「もうどうすることも出来ない」となる。

5 恩を着せる

神経症者が自らの心の矛盾を解決する方法はいくつかあるが、その一つが「恩着せがましさ」である。

あるいは憎しみの仮面を被った正義の「躾」である。

神経症的愛情欲求をする人は、相手に愛情を求める時に正義や恩を持ち出す。

「親子の役割逆転」をする親は子供に恩を着せることでしか、子供と関われない。

人とのコミュニケーションの仕方が分からないから、子供に「他の子と違っておまえは幸せだ、他の子はあんなに不幸なのにおまえはいいな」と言う。

「おまえにこの柿を買ってあげるのは俺だけだぞ」と言う。何も柿である必要はない。柿のようなものを買うときでさえも恩着せがましいという意味である。

アドラーの主張によると、人は小さい頃から、愛情を得るために攻撃的な態度を見せる。それが直接的に表現されたり、隠されたりする。

アドラーは著書の中で社会的に表現され、かつ隠されている攻撃性の例としてＤ氏という人物を挙げている。(註38)

このＤ氏とは恩着せがましい人である。家族に要求を直接的には表現できない。

「親子の役割逆転」をする親は恩着せがましい親が多い。それは子供への攻撃性を間接的に表現しているからである。

子供に恩を着せようとする親は、子供に自分を「愚か」と思い込ませたいのである。恩を着せられる側は、自分を無価値で愚かな人間と思わなければならない。

恩を着せられるということは、人に迷惑をかけながらでないと自分は生きていけない人間だと思い込まされることである。常に自分は人に迷惑をかけていると思わなければならない。自分が「今、ここにいる」こと自体が相手にとって迷惑なのである。

そこで自分が「今、ここにいる」ことをいつも言い訳していなければならない。

偽名現象といわれる心理がある。偽名現象とは偽名で生活しているような気持ちに追いやられている人の心理である。偽名現象に苦しむ人の自己像は、そうして恩着せがましい人に囲まれて出来上がった自己像である。

恩着せがましい親が子供に対して、自分の価値を売り込んだらどうなるか。

父親は「俺はおまえのためにこんなに苦労して働いている、それはおまえが劣っているからだ」と子供に訴えることで、自分の重要性を子供の心に植え付ける。

「おまえは迷惑な存在だ」と子供に思い込ませることで、親は自分の価値を子供に売り込む。

そして親の方は自己無価値感を克服できる。

「おまえは俺がいるお陰で生きていかれる、おまえを育てるのに俺がどれほど苦労しているか」などと小さい頃に徹底的に叩き込む。

それによって子供から特別の感謝を要求し、親は自己無価値感に苦しむ自分の心を慰めることが出来る。

そういう親はやることなすこと全て恩着せがましい。

「ここにおまえを連れていってやる」「おまえにこれを買ってやる」「おまえにこれを持ってきてやる」など日常の行動の一つ一つを恩に着せる。

そして相手が劣っていれば劣っているほど自分の価値は相対的に高まる。普通の親以上に自分の価値は高まる。

とにかく自分のすることを大変なことに見せるためには、子供が劣っているということが必要である。

そうすれば、親である自分はおまえと一緒に生きていくことがどれほど大変かということを子供に誇示できる。

自己無価値感に苦しめられている親はどうしてもこれをする。そうしなければ生きていられない。

そしてそれは交流分析の方でいう「おまえは存在するな」という破壊的メッセージである。

恩着せがましい人は、実は相手との人間関係を大切に考えている。必死になってそれにすがりつこうとしている。

しかもその点での弱みを見せまいとしている。相手との関係が壊れるのを恐れて、自分が相手に与える恩恵を強調する。

相手との関係において自分の価値を売り込む。

「親子の役割逆転」をする親は、例えば子供を夏休みに海に連れて行く。

しかし、ただで連れて行くのではない。海に連れて行くときには、「おまえが、そんなに海に行きたいんなら、連れて行ってあげてもいいよ」という恩着せがましい表現になる。そうして連れて行ければ自分の無力感が癒される。

子供に「お父さん、海に連れて行って！」と頼ませる。

ただ座っているだけでもったいぶっているような人がいる。実は相手から搾取しながら、相手に対して恩を施すふりをしている人である。

恩着せがましい親に育てられると、大人になって人が本当の好意でしてくれたことでも、恩着せがましい行為と解釈してしまう。そのように解釈する神経回路が出来上がっているのである。

そして人の本当の好意を腹立たしく感じる。相手に対して敵意や怒りを感じる。

「親子の役割逆転」で生長した人は、大人になったらとにかく現実に接することである。自分を取り巻く世界は変わったということをしっかりと認識して、新しい神経回路を作る努力をしない限り、生涯幸せになることはない。

ハーヴァード大学のエレン・ランガー教授が言うようにコンテクストは学習される。恩着せがましい行為でなくても、恩着せがましい行為と解釈してしまう。そして怒りを感じる。怒りを感じるように学習してしまっている。

「コンテクストは学習されるものである」(註39)

今の現実とコミットすること、これが幸せへの扉を開く。今、自分は恩着せがましい人に囲まれているのではないという現実にコミットすることである。

誰でも恩を着せられたくない。

恩を着せられなくても良いつきあいが出来る、それが友達である。

親子の関係でも、人は恩を着せられたくない。恩を着せられなくても良いつきあいが出来る、それが心のふれあう親子である。

実際は苛められていた子が、親に苛められていると言わないことがある。親に苛められていると言えない。

そして苛められている時に苛められていると言わなかったのは、「親に心配させたくなかった」からだと言う。それも同じことである。それはもう親子ではない。

親子で本当のことが言えない。親に対する感情的接触の拒絶である。

メディアは、こういう苛め事件で、「子供は苛められていると言わなかった」と報道する。

「言わない」のではなく「言えない」関係である。

6 偽相互性

「親子の役割逆転」をする親は、自分にとって嫌いな人たちの中にいる。

父親は頭の悪い人が嫌いである。それを子供に誇示する。

しかし子供は「私は頭が悪い」と思わされている。そして「父にしがみついていなければ生きていけない」ようにさせられている。

まず相手に頭が悪いと思い込ませる。

次に自分にしがみついていなければ相手は生きていけないと思い込ませる。

その上で「俺は頭の悪い人間は嫌いだ」と言う。

つまり子供から見ると、嫌われている父親にしがみついていかなければ生きていかれないということになる。

そして父親は子供と一緒にいることで、子供に十分に恩を着せられる。

自分は子供に十分に恩恵を与えているとして、恩を着せられる。こうして父親は自己無価値感を解消できる。

「親子の役割逆転」をする親は、徹底的に子供から愛を搾取しながら、徹底的に愛を与えているように認識を操作する。

これは何も親子の間だけで起きることではない。夫婦関係でこれが出来るなら、夫婦関係でこれをする。

心理的に不安な夫は妻との関係でこれを行う。

妻に「おまえは駄目な女だ」と思い込ませようとする。俺以外の男はおまえを相手にしないと思い込ませる。

そしておまえは世の中では一人で生きていけないと思い込ませる。その上で俺は駄目な女は嫌いだと言う。

こういう夫は無力感から相手に感謝を要求している。恩着せがましい。その恩着せがましい関係を維持するために、相手にこのように思い込ませる。

妻が思い通りにならなければ、そこで今度は子供に標的を変える。妻との関係で目的を達成できない結果、「親子の役割逆転」をする親になる。

相手が配偶者であれ子供であれ、こういう人達は常に防衛的価値観で動いている。

本当は誰よりも会社で出世したいが、「会社の出世は下らない」と言う。自分が会社で出世が出来ないことを認められない。

社会に出た子供を、自分の中に抑えておかなければならない。そこで言う言葉が「会社の出世は下らない」である。しかし心の底では何よりも子どもの成功を願っている。それは子供の成功で世の中を見返したいからである。

そして「親子の役割逆転」をする親は、その年代その年代で、子供を抑えるために違う言葉を使う。

子供が高校時代には「東大を出てなければダメだ」と言う。自分が出ているから。

意識と無意識が乖離した複雑な防衛的価値は、自分の価値を守るのと同時に、他者を自分の中に抑えておくためのものである。

自分を嫌いな人は他人も嫌いである。

さて、もし「親子の役割逆転」をする親がもの凄い自己嫌悪の人であったらどうだろう。

子供は自分が嫌われていると思うのは当たり前である。しかしそれは自分が嫌われるような存在であったから嫌われたのではない。

親は子供を嫌いである。しかしそのことを親は自分自身にも隠している。親の本心に気づいている子供は、自分が嫌われていることを知っている。

しかし親は子供が自分の本心に気づくことを禁じている。子供は無意識で自分が嫌われていると知って、自分も親を嫌いになる。

しかし子どもは親を恐れているので、「嫌い、嫌われている」という感じ方を抑圧する。つまり「嫌い、嫌われている」という感じ方を無意識に閉じ込める。そして意識の上では「愛し、愛されている」と思い込む。

このような心理は、心の素直な人に囲まれて育てられた人にはなかなか理解出来ないところである。

「嫌い合う」ことは良くないことである。「愛し合う」ことは良いことである。

そこで実際は嫌い合っていても、愛し合っていると思い込もうとする。

自分たちの心をあざむく、これが抑圧である。

自分たちの心をあざむいて、関係を維持している人々がいる。自分の意識から実際の感情をしめ出してしまっている人々である。その関係を偽相互性という。

ある家庭で社会的事件が起きた時にメディアが「なぜ、あの仲の良い家族が？」という報道をする理由がこれである。

嫌いには二つある。

①こんな自分が嫌い

②私が依存している相手が、私を嫌い
こんな親子関係の時に、親は例えば息子との関係に何を求めるか。次の三つを求める。
①男と男との関係を求める。そこでは大きなことを言って世間を見下す
②父と子の関係を求める。そこでは「勉強しろ」と言う
③息子に母親を求める。そこでは息子に母親の代償を求めている

「親子の役割逆転」をする親は子供に全てを求めて、「助けて！」という叫びを上げているのである。「どうしても俺は生きていけないんだ」という叫びである。

例えば重要なことであるが、気づかれていない次のようなことがある。

「親子の役割逆転」をする親の中には、自分が「強い父親」になるという期待に添えなかったという絶望がある。母親への甘えが満たされなかったという欲求不満とは全く別の種類の不満である。

そこで自分の子供をそのような「強い人間」にしようとする。そのことによって「強い父親」に認めてもらおうとする。

つまり孫は祖父が父に求めていたであろうと推測される「強い人間」になるように要求される。

「親子の役割逆転」をする父親は「強い子、頭の良い子」を自分の親から求められていると思った。

しかしそれを自分自身は実現できなかった。

すると息子がそのような人間になることを求めて、息子をいじくりまわす。

父親は自分自身が「理想の私」になれない。自分の親との関係で満たされなかった「理想の私」を息子に求めて息子をいじくりまわす。

要するに「親子の役割逆転」をする親は、自分の心の中で満たされないものを、まとめて子供に求める。

このような場合でも結局、「親子の役割逆転」をする親は、とにかく逃げて逃げて、逃げまくって生きてきた。

彼らは一切の現実と闘うことなく生きているうちに、生きる道が分からなくなってしまった。

第5章

真実を見るということ

１　強迫的行動の理由

自分は一人ではやっていかれない不安から逃げた迎合的性格の人がいる。保護を求めて迎合する。つまり「保護と迎合」という関係に逃げる。

その自信のなさを抑圧する。しかしどんなに抑圧しても心の底のそのまた底では「俺は自信がないんだ」という叫びが聞こえている。

その「俺は自信がないんだ」という抑圧された「叫び」が、その人の意識を駆りたてるようになる。抑圧された「叫び」が、その人の言動にも影響を与える。

例えば「俺は自信がないんだ」という叫びを抑圧した親が、強迫的に子供に執着する。どうしても子離れできない。

「私は自信がない」という真実の問題から身を守ってくれるのが、強迫的な子供への執着である。

「子供、子供、家族、家族」と叫んでいれば、「私は競争社会では生きていく自信がない」という真実の問題に直面しないでいられる。

「人生で大切なのは子供だ、人生で価値があるのは家族である」と、叫び続けていれば、「俺はこの競争社会ではやっていく自信がない」という本当の気持ちに直面することを避けられる。

その叫びは、心の底にある本当の気持ちから自分を守ってくれる。自我価値の剝奪から身を守ってくれるのは、「家族だけが価値がある、富も名誉も価値がない、社会は愚か者ばかり」という価値観である。

それが強迫的な子供への執着になる。子供へ執着していなければ「俺はこの競争社会ではやっていく自信がない」という本当の気持ちに直面してしまう。

強迫的に頑なな性格の人がいる。「拒絶と頑固」を特徴とするような人である。

そういう人は「認めてもらいたい」という願望を抑圧している。

「親子の役割逆転」をする親は「社会からもっと認めてもらいたい」という願望を抑圧している。

家族に価値がある、子供だけが価値があると言っていれば、競争社会で生き抜く自信がないという「自分についての真実」の問題に直面しないでいられる。

心の底の本当の自分の気持ちに直面することから逃げようとすれば「親子の役割逆転」が強迫的行動になる。嫌いな家族にしがみついている以外に生きる方法がなくなる。

子供にしがみつくまいとしても、子供にしがみつかないではいられない。「子供にしがみつくまい」というのは意識的努力であるが、その人を支配しているのは無意識の必要性である。

本当の願望を抑圧していれば、不安になる。その不安から逃げようとすれば、行動は強迫的になる。

依存症は真実から目を背けることであり、それは不安の消極的回避である。不安の消極的回避は、生きることを楽しむ能力を奪う。

そうなったら、「趣味を持て」と言われても、持てない。

美術館巡りが良い、年寄りにはゴルフや庭いじりが良い、若い頃読みたかった本を今読めば良いなどと言われても出来ない。客観的条件が整っていても出来ない。

強迫的に名声を追求して努力する人がいる。

かつてStatus seekerと言われた人々がいる。ステータスがあれば自分は有能ではないという感じ方を避けられる。

ステータスでは幸せになれないと分かっている、でもステータスを求めないではいられない。

ジョージ・ウェインバーグは「どんなことでも強迫的な行動」になるという。

人は無意識にあることを避けようとして何かをすると、その行動が強迫的になる。その行動をしないではいられなくなる。

「近い人と親しくなれない自分」という「自分への絶望感」を避けるため、仕事に逃げる人がいる。すると仕事をしないではいられないワーカホリックになる。体が死にそうに疲れていても仕事を止められない。その人にとって、別に仕事は食べるためではない。

家族、家族といつも言わずにはいられない家族依存症の人がいる。仕事で成功出来ない「自分への絶望感」を避けるために「家族が大切」と言い始めると、家族依存症になる。

家族、家族といつも言っていないと「自分への絶望感」が意識にのぼってくる。

家族依存症とアルコール依存症とは心理的には同じであるが、違うところもある。

アルコール依存症の人は、アルコールを飲まないではいられないが、別にアルコールに不満でアルコールに怒っているわけではない。ただアルコールが好きではないけれどアルコールを飲まないではいられないというだけである。

自分にとってアルコールが健康に良くないと分かっているけれど、アルコールを飲まないではいられないというだけである。

しかし家族依存症の人は、アルコール依存症の人がアルコールなしでは生きられないのと同じように家族なしでは生きられないが、家族に不満で怒りがある。

「親子の役割逆転」をする親は、子供にしがみつきながら、子供に不満で怒りがある。自分にとって遠い人よりも近い家族が嫌いである。

小さな子供が甘えが満たされなくて、母親に不満を持つ。小さな子供は、自分が望むように、母親から「偉いわね」と賞賛されなければ不満である。

そこで小さな子供は、時々母親の態度に怒って「僕は凄いんだ、偉いんだ！」と叫ぶ。

「親子の役割逆転」をしている親は、この子供と同じである。

色々ともっともらしい理屈をつけるが、要するに「僕は凄いんだ、偉いんだ！」と家族や子供に向かって叫んでいるのである。

それを直接叫べない時に、恩着せがましくなったり、不機嫌になってくる。

とにかく心の底には敵意がある。

不機嫌な親は子供に「自分を気分良くさせろ！」と言っているようなものである。まさに「親子の役割逆転」である。


ジョージ・ウェインバーグはほとんどどんなことでも強迫的な行動になり得ると言う。

「他の推奨しうる理由によって始められた多くの健康的な行動も、もしそれらが責を果たすべきと思われたら、強迫的になります。ジョギングにしても勉強や仕事、読書などにしても、強迫的になります。〝責〟とは何でしょう？　責とは、意識することを妨げること、苦痛を弱め

ることです。強迫の責は逃避を準備することです」（註40）

恥ずかしがり屋の人も依存症である。

多くの人は自分の嫌な性格を直そうと思っている。そして直そうと努力している。

しかし直らない。

その嫌な性格が、真実に直面することから自分を守っているからである。

強迫性の仕事は、何かを意識することを妨げることである。それをしていれば、意識したくないことを意識しないで済むなら何でもそれは強迫性になる。

仕事をしていれば劣等感を意識しないで済む、ジョギングをしていれば好きな人から捨てられたことを意識しないで済む、人と会っていれば将来の不安を意識しないで済む。

そうなれば、それらの行動は強迫的になる。その言動を止めようとしても止められない。

恥ずかしがり屋の性格は無意識の必要性から出ている。

恥ずかしがり屋の人も、人と親しくなりたい。しかし努力してもなかなかなれない。

それは無意識の領域に他人に対する恐怖と敵意があるからである。

恥ずかしがることで、自分の中にある敵意に気がつかないでいられる。

２　人を巻き込む

人は、深刻な劣等感から逃れるために自己を栄光化するとか、「他人を巻き込む」というようなことをする。

それらはなぜ起きるのか。

人を巻き込んで心の葛藤を解決する人は、ますます弱い人になる。

弱い人とは、何をしても自分が一人でそのことを納得出来ない人である。人に認めてもらわないと、そのことを本当には納得出来ない。心の中で何を解決するにも人を巻き込まないと解決出来ない。人に認めてもらわないとならない。

この「人を巻き込む」ことで、心の葛藤を解決する典型的な方法が「親子の役割逆転」である。

「親子の役割逆転」をする親は、すでに自分が重要な存在とは感じられなくなっている。

だから嫌われるのが恐い。しかし嫌われまいと行動することで、嫌われる恐怖感は強化される。

誰にでも良い顔をするのは現代のペストであるが、「親子の役割逆転」で生きている親子両者は、ことにそれが酷い。

「親子の役割逆転」をする親は、嫌いな家族から嫌われるのが恐い。

そして子供に対して、愛の仮面を被ったサディストになる。

依存症的人間関係においては、お互いに自分を愛していない。お互いに相手を嫌い。でもお互いに離れられない。

人は自分を受け入れ、自分を愛する程度にしか、人を受け入れ、愛せない。

ロロ・メイは「もしわれわれが自らを尊重出来ないなら、他人を尊重することもあるいは愛することも出来ない」(註41)というハリー・スタック・サリヴァンの言葉を正しいものと主張している。私もその通りだと思う。

不安にさいなまれ自信喪失した親は、子供を「尊重することもあるいは愛することも出来ない」。

しかし本人は子供にしがみつき、子供から愛を搾取しながら、子供を尊重していると思っている。

それは本当は嘘であるが、その嘘から身を守るために「子供を愛している」という思い込みは盲信に近い。

自分自身の無意味感を解消しようとして出来た人間関係は依存的人間関係になる。

例えば「あなたさえ幸せならお母さんはどうなっても良いの」という台詞を言う母親である。母親は自分自身の存在の無意味感に耐えられない。夫婦関係は破綻している。しかし離婚という解決をする意志も気力もない。もはや自分の人生に何の希望も意味も見いだせない。そのことに耐えられない。

その苦しみから逃れるために子供にしがみついた。子供は薬物依存症の人の薬物と同じである。そう簡単に子供を手放すわけにはいかない。

その人から離れると自分の人生に意味を感じられなくなるから、嫌いでも何でもその人から離れられない。

したがって相手を好きでなくても相手と離れられない。

ロロ・メイは「権力意志の人間」について次のように述べている。

他人の身になって心配する（care for）ことはしないが常に他人の面倒はよくみる（take care of）ことが出来たし、心以外なら金銭もどしどし与えることが出来た。(註42)

他人の面倒を見ることが自分の利益につながる時には、いくらでも他人の面倒を見るということであろう。他人の面倒を見ることが自分の人生の意味につながる時には、いくらでも他人の面倒を見るということであろう。

したがって、別に相手は人間でなくてよい。ゴルフをする人がゴルフクラブの手入れをするのと同じである。

ロロ・メイは、自分の患者の父親について次のように書いている。お金を与えることは出来るが、心を与えることは出来ない。(註43)

それは不安な人なのだろう。お金を与えることによって自分の優位性を確認出来、不安を解消出来るのであろう。

他人を世話することで、不安を解消しようとする、自分の人生に意味を感じようとする。「他人を巻き込む」ことの一つの手段が、他人を世話することである。

問題は、他人を世話するという行動ではない。他人を世話する動機である。

無意味感から目を背けるために他人と関われば、関わった相手と依存症的人間関係になる。

世話好きな人の中には、本当に世話をする人と、無意味感から目を背けるために他人を世話する人がいる。

後者は相手との関係で、依存症的人間関係になる人がいる。

サディズムとマゾヒズムも現象は全く違うが、「耐え難い孤独感」からの逃避という点では同じである。

孤独感、無力感、無意味感、これらからの逃避で人と関われば、依存症的人間関係になる。

それらの動機から友達になると、本当は好きではないのに「あの人は私の親友」と思う。無意識では嫌いでも意識では親友と思う。

その嫌いな人を親友と思う必要性が、その人の無意識にはある。

まさに、「他人とどう向き合うか」ということがその人自身の本来の感情を蹂躙してしまう。(註44)

「その人自身の本来の感情」は「この人と付き合いたくない、この人たちと友達になりたくない、もっと違う交友関係が欲しい、もっと違う世界に接したい、今の自分の世界はおかしい、広い世界に飛び出したい、自分は何か間違っている」である。

しかし現実にはその嫌いな人と、嫌いなままで親友になる。嫌いな人に良い顔をする。

それは淋しいからである。「本当の自分」で生きていないからである。

自分で自分を放棄した。寂しい、そこで嫌いな人を切れない。ずるずると「意識では友達と思っているが、無意識では嫌いな人」と、わけの分からない関係が続く。

要するに自己疎外された人が、人と深く関わると人間関係依存症になる。

自分が自分でなくなったことの代価の一つが、人間関係依存症である。自分が自分でなくなった、それが不安である。理由もなく心配になることが出てくる。

関係を第一にすることで、自分の真の自己を放棄してしまう。そして自分の本当の人生の目的が分からなくなってしまう。

頑張っているのだけれども、生きる方向が違う。どんどんと道に迷ってしまう。

つまり父親との関係の失敗が、次の友達や恋人との関係の失敗の原因になる。

小さい頃の父親への「服従と依存」の関係が、高校時代の不健康な友人関係を準備してしまう。さらに社会人になってからの不健康な恋愛関係を準備してしまう。


酒乱で暴力をふるう夫に尽くさないではいられない妻がいる。

なぜそうするのか？

それは妻の「耐え難い孤独感」からである。そしてその「耐え難い孤独感」の原因は「強度の依存性」である。

孤独感から逃れるための献身である。

夫に献身していれば、淋しさからの逃避が可能である。

まさにフリーダ・フロム＝ライヒマンが言うように自己犠牲的献身は「強度の依存性」の表れである。

姉は、ギャンブル依存症の弟に「これが最後よ、これが最後よ」と言いつつお金を貸し続ける。

なぜそうするのか？

それは姉の淋しさである。お金を貸さないことで弟との関係が切れることを怖れている。

3　家族依存症

家族にしがみつく人も本当は自立への試みをしなければいけない。

「親子の役割逆転」をする親は、仕事での勝負を避けて家族にしがみつく。

家族は、所謂防衛的価値観である。仕事に価値を置くと自我価値の剝奪が起きる。そこで仕事の価値を否定して、家族を唯一の価値にする。

しかし実は、防衛的価値観にしがみついて自我価値の防衛をしようとすると、仕事が出来ない劣等感を深刻化してしまう。

出世は下らない、出世なんて堕落した人間が求めるものだ。

そう主張する度に、無意識では出世に対する憧れが強化される。

そしてその結果、「自分は出世出来ない」という自分への絶望感が強化される。

イソップ物語の『すっぱい葡萄』である。キツネは本当は葡萄が欲しい。しかし取れない。そこで「あの葡萄は酸っぱい」と言う。

しかしますます葡萄が欲しくなる。「葡萄が欲しい」という願望を抑圧することで、余計に人を批判したいという気持ちに駆り立てられるようになる。

強迫的に人を批判するのは、「葡萄が欲しい」という抑圧された情動、願望が原因である。人を批判していれば、「葡萄が欲しい」という抑圧された情動、願望に気がつかないでいられる。

強迫的に人を批判するのは、その人が周囲の世界が自分を認めてくれないと思うからである。「出世なんて堕落した人間が求めるものだ」と主張し、自分は精神的追究者であると主張したことで、「子供、子供、家族、家族」の息の詰まる家庭が出来上がる。

それは親の家族依存症である。「家族！」と叫ぶことで自我価値の剝奪から自分を守ろうとしている。

子育てについて隠された真の動機。そういう場合、子供はなんとはなしの圧力を感じる。

会社のポストが期待するように昇進しない。その劣等感から自我価値を守るために「会社なんて下らない、子供が大切だ」という価値を主張する。

「子供、子供、子供こそ最高の価値」と叫んでいれば、会社で仕事を評価されないことから目を背けていられる。

防衛的価値としての家族への愛。

親の不安、愛情飢餓感、無力感、社会的劣等感などが、家族への愛情という仮面を被って表れる。

そうした時に、その家族の中に所謂「従順な良い子」が現れる。

愛という名の下に何がなされたか。それが真の問題である。

例えば所有欲の強い親の場合は、憎しみと恐怖が愛の仮面を被って登場する。

そういう親たちは自分のエネルギーや能力を、自分を成長させるために用いないで子供を巧みに操るために用いる。

「過剰な虚偽の愛よりは、不足した真実の愛の方が子供にとっては耐え易い」という言葉がヴァン・デン・ベルク著、足立叡・田中一彦訳『疑わしき母性愛』という本の中に出てきた。子育てについて過保護、過干渉という批判がある。しかし親はそれを愛だと思っている。

夫婦関係が上手くいっていないことから目を背けるために、子育てに過剰なエネルギーを注ぐ。子育てに生きるエネルギーを集中していなければ、夫婦関係の危機に気がついてしまう。

今、色々な「社会的に望ましい家庭」から問題児が出る場合は、過剰なる虚偽の愛の結果であることが多い。

心に葛藤があると他人を操作しようとする。親が自分の心の問題に直面することを避けると、子供を操作することにエネルギーを注ぐ。その結果、子供がおかしくなる。

家族、家族と言っている限り、仕事の価値から目を背けていられる。

「その強迫的行動をしている時には、受け入れられないメッセージをブロックしていられる」ジョージ・ウェインバーグは強迫的行動がもたらすのは逃避の場を提供することであると言う。

その行動を特色づけるのは、逃避としての機能です。（註45）

家族、家族と言っている場合、社会的には強迫的名声追求とは逆である。価値観は正反対である。

しかし心理的には同じである。

両者に共通しているのは、「社会的に成功しない私には価値がない」という自己イメージである。

家族依存症の人が必死に、自分に隠そうとしている「真実」は、「私はこの競争社会で、勝ち抜いていけない、私には自信がない」である。

名声追求依存症の人が必死に隠そうとしている「真実」は、「私は不安である。人に優越することでしか安心感を得られない。名声で安心したい。私には自信がない」である。

家族依存症の人は「家族、家族」と言い続けることで、現実に直面することから逃げていられる。しかしその代償は大きい。

現実に直面することからアルコールに逃げて、アルコール依存症になるのと同じである。まず生きることが楽しくなくなる。生きることを楽しむ能力を喪失する。コミュニケーション能力を失う。人格の統合性を失う。

強迫的な行動をしていると、強迫的な行動以外のことも楽しくなくなる。（註46）

つまり幸せになれないパーソナリティーになっている。

ジョージ・ウェインバーグは強迫的行動は他の行動より優先されると言う。(註47)

「親子の役割逆転」をする親は家庭を大切にしていたのではなく、自分の愛情飢餓感を家族で満たそうとして家族にしがみついていたのである。

つまり親は幼児的願望が満たされていなかった。そしてそれを満たそうと親が子供たちに甘えていた。

もし親が自分の無意識にある幼児的願望に気がつけば、子供はもっと健全に育った。親も前に進めた。

4　支配するための愛

「親子の役割逆転」をする親は子供に「出世しろ、出世しろ」というメッセージを与え続ける。同時に「出世は下らない」という矛盾したメッセージを子供に与え続ける。

こうして子供のコミュニケーション能力は破壊される。

「自分の世界を生き生きさせるのに、あるいは自分の住む現実を萎縮させるのに、他者を利用

することに効果的な方法はない」（註48）

解決の意志のない人が集まるのがカルト集団であるが、これはカルト集団ばかりではない。病んだ家族も同じである。

「親子の役割逆転」をする親は、現実に立ち向かって問題を解決しようとはしていなかった。子供を巻き込むことで心の葛藤を解決しようとした。

彼らの最初の親子関係が間違っていた。その原因はお互いに現実から目を背けたことである。

夫婦関係が破綻している母親が、それを認めないで子供にエネルギーを注ぐ。それが母親の過保護である。

子供へのエネルギーは、強迫的である。夫婦関係の破綻から目を背けている限り、子供に過剰に関わらざるを得ない。これ以上関わるまいと思っても関わらざるを得ない。

過剰に関わらなければ、夫婦関係の破綻が目の前に突きつけられる。

子供に過剰に関わっている限り、夫婦関係の破綻から目を背けていられる。そうなれば、子供離れしようとしても、子供離れは出来ない。

サディズムは攻撃的パーソナリティーでは顕著に表れるが、迎合的パーソナリティーの場合には狡猾に表れる。（註49）

「親子の役割逆転」をする親は、子供に際限もなく高い期待をかけるし、またそれを実現することを要求する。

子供に非現実的なほど高い期待をかける。子供に神経症的要求をする。

親は心理的におぼれかかっている。心理的にはもう生きていけない。そこで子供にしがみつく。子供への様々な神経症的要求は浮き輪の代わりになっている。

おぼれかかっている親は、必死で子供という浮き輪にしがみつく。

子供に際限もなく高い期待をかけるのを止めようにも止められない。もし止めれば、夫婦関係の破綻に直面しなければならない。

「親子の役割逆転」をする親は、子供にしがみつかなければ、自分の人生は行き詰まっているという現実に直面しなければならない。

アルコール依存症の人がアルコールなしに生きていかれないように、「親子の役割逆転」をする親は子どもなしには生きていかれない。

固着の対象は「もの」でなくても良い。

アルコールでも、子供でも良い。仕事でも、遊びでも何でも良い。とにかく真実から目を背けさせてくれるものならなんでも良い。

「日常生活では彼らは際限もなく非現実的なほど高い要求を周囲の人にする」（註50）

「彼らは他人を奴隷化しようとする」（註51）とカレン・ホルナイは言う。

しかしサディズムがサディズムとして登場してくる時にはまだ対処の仕方がある。

サディズムが善意の仮面を被って登場してくると、対処は難しい。

愛はサディズムの口実である。（註52）

それはフロムの言う好意的サディズムである。それはカレン・ホルナイの言うサディズム的愛である。（註53）

それは隠されたサディズムである。

サディストは愛する相手を奴隷にするために色々な手を使う。それはカップルの神経症的構造による。

その結果、虐待される側にとって、その関係が価値あるように見える。

そしてパートナーを孤立させる。

相手を所有することと貶すことのプレッシャーを結びつけて、相手を完全な依存状態に追い

こむ。(註54)

子供への愛は相手を支配するための口実である。

愛の言葉は、相手を自分の奴隷にするための言葉である。

これが夫婦関係の場合にはまだ良いが、親子の場合には一層悲劇である。

夫婦関係で、相手を奴隷にしようとする。しかしそれが出来ない。そこで、「親子の役割逆転」をする親は子供を奴隷にしようとするのである。

何度も言うように、全ての人間関係に挫折した人が最後にしがみつくのが子供である。それが神経症的「親子の役割逆転」である。

絶望した人間は、近い人を奴隷にすることで生き延びようとする。しかし恋人からも配偶者からも、全ての近い人から拒否される時もある。

そこで最後に子供を奴隷にするのが「親子の役割逆転」をする親である。

「不安からの逃げ道は、他人を共生的な関係に保っておくだけでなく、他人を支配し、他人に打ち克つことによって、あるいは他人を自分自身の意志に従わせることによって達成できるということである。もしわれわれが、他人を自分自身の意志に従わせる以外に、不安から救われ得ないとなれば、不安を和らげる方法は、どうしても本質的に攻撃的とならざるを得ない」(註55)

「共生的な関係」というと言葉のイメージとしては極めて望ましいものであるが、決してそうではない。ロロ・メイの元の言葉は“symbiotic relationship”である。

寄生虫だって相手の体の中で共に棲んでいる。木の蔦だって一緒に伸びていく。親子が共生的関係にあるということは、言葉のイメージのように望ましい関係ではない。

その「他人を自分自身の意志に従わせる」のも、直接的に意思表示をするのではない。恩着せがましかったり、絡んだり、愛の仮面を被ったサディズムであったり、陰湿に隠された苛めをしたり、惨めさの誇示であったりと、攻撃性は様々な変装をする。

例えば不安な親は、子供を自分の意のままに支配することで不安から逃れようとする。したがって子供が自分の意に従わない時には不安を感じるから、激しく怒る。しかしここでも直接的に怒りを表現出来ない。

人間としてのあるべき行動を持ち出したりしてネチネチと際限もなく責める。

こういう親は世間に子供を自慢するが、子供自身には無関心である。とにかく大切なのは自分。激しい自己執着である。

「他人を共生的な関係に保っておけることを、他人に対する自分の勝利、他の人たちを、自分の意志に従わせることと解釈していた（註56）」

こういう親は、逆に子供の自立を、子供からの攻撃と解釈する。したがって子供に自立の姿勢がある時には激しく反発する。

親からすれば、子供の自立は心理的には死活問題である。生きるか死ぬかの問題である。まさに子供の自立とは死ぬ覚悟で闘う。

「敵意と不安との相互関係は実証済みの臨床的事実である」(註57)

子どもが自立するのではないかという親の不安は、計り知れない。その時に親が感じる子供への敵意も凄まじい。

「臨床経験でごく普通に発見されることであるが、不安な人は多量の敵意を持つことがわかる」(註58)

そこで「親子の役割逆転」をする親は、自分の敵意を子供を完全に支配することで解消しようとする。

支配下においておくために、その子を家族内で孤立化させるなどということもする。その子だけを食事に呼ばないとか、その子だけを旅行に連れて行かないなど色々なことをする。カルト集団の常套手段である。

先に、親が他の子供と組んで、ある一人の子どもを仲間はずれにして苛めるというようなことを書いた。「こんなこと信じられない」と言う人は、「親子の役割逆転」をする親の不安を理解していないからである。

人は不安から逃れるためならほとんど何でもする。

先に述べたように「絶望的苦しみは、その人を他人に対して有毒な人にしていく」。(註59)

つまり親の絶望的苦しみが、「親子の役割逆転」という有毒なものとなって表現されてくる。

絶望的な親子関係での共生は攻撃性であるから、「親子の役割逆転」をしている時には、子供は親から攻撃されている。

子供は、実は攻撃されているのに、逆に愛されていると思わなければならないし、愛されていると感じることを強制されている。

何度も言うようにこの矛盾した要求で、コミュニケーション能力が壊滅する。

コミュニケーションを可能にするためにはお互いを正しく理解出来ていることが前提である。

しかし今述べている親子関係は、正しく理解することを禁じられているのである。

「妻」という名の母への歪んだ期待。

誰でも自分にとって重要な人間から関心を持ってもらいたい。

親の子供に対する関心が自分の所有物に対するナルシスティックな関心であっても、子供は関心を持たれていると思う。親も関心を装う。

共生関係において一方を失うことは他方にとって衝撃である。それだけに愛していると錯覚する。

共生から攻撃性が生じるが、親は子供には無関心であることもある。

不安な親が子供と関わらない場合には、強迫的名声追求になることがある。つまり家族依存症にならないときには名声依存症になる。

ただ順序としてはだいたいまず名声依存症になって、そこで挫折して家族依存症になる。

子煩悩であることと子どもの心を理解しているというのは別のことである。子煩悩と表現された場合にはほとんどの場合「父親は神経症者だった」のだろう。

「父親は子煩悩だった」という表現が新聞などによくあるということを度々説明してきた。

新聞などで言われる「子煩悩」は、裏に親の愛情飢餓感がある。

「神経症の親たちは、一般に、過剰な愛情を示す傾向があり、彼らは、愛撫によって子どもの神経症への気質を最も誘発させやすい親たちであることは確かである」(註60)

親は子供への敵意の反動形成で子どもを過剰に愛することがある。つまり神経症的な親は、子供への敵意を抑圧して、反動形成として過剰な愛を誇示する。

「親子の役割逆転」をしている親は子供に愛情要求をする。そしてこの幼児的愛情要求に子どもに応えてもらえなければ、親は子供に怒る。

そして親は「何でおまえは」と子供を責める。子供は「自分は生きていることが許されない存在である」と感じるようになってしまう。

つまり親の非現実的な要求に応えられない子供から見ると「自分は生きるに値しない人間」に感じられる。

今度は、それが子供の自己憎悪となる。

「親子の役割逆転」の中で生長することも自己蔑視の大きな原因である。

つまり「親子の役割逆転」の中で生長した人は、後にどのように成功しても無意識の世界では自己蔑視が続く。

貧困の連鎖は騒がれるが、自己蔑視の連鎖は社会的に騒がれない。

「情緒的に未成熟な親は子供の自然な成長を待てない」という。これも同じである。親は子供が早く成長すればいいと願う。しかし普通の場合にはそれは要求までにはならない。

小さな子供は利己主義的であることが自然であることを知っているから、小さな子供に愛他的になることを求めない。小さな子供に他人の立場を理解することを求めない。

しかし神経症的な親は子供にそこまで求める。

そして子供が自分の忙しさや大変さを理解しないと怒る。

「そこまで子供に求めても、無理でしょう」と普通の親なら言うところまで子供に要求する。

それで怒られたら子供はたまらない。

これは親の自己主張ではなく、親の神経症的要求である。


大人になって些細な失敗で自信を失って落ち込んでいる人は、小さい頃非現実的なほど高い基準に接して、実際の自分では他者の期待に応えられないと感じてしまったのである。

愛されている子供であればそのような基準を示す他者から離れられる。

しかしそのような基準でさばかれる子供は、もちろん愛されていない子供である。つまり愛情飢餓感が強い。

それだけに自立出来ない。決して自分を受け入れない相手にしがみつく。自分にとって重要な他者の非現実的な期待に応えようと死にものぐるいになる。

親の方は自分が挫折したので、単に社会に復讐するために子供を成功させようとしているだけである。こうして子供は復讐者である親の餌食になる。

実はこの「成功しろ」「偉くなれ」などの非現実的なメッセージを送る父親は妻との関係がうまくいっていない。というよりも妻が妻ではない。

むしろ子供が妻の役割を果たしている。妻との関係が正常なら、夫の社会的挫折の心理的処理は妻との関係でなされる。しかし彼が子供の成功で乗り越えようとするのは、妻との関係でそれが出来ないから、「親子の役割逆転」をするのである。

母親が子供にそれを期待するときには、母親にとって子供が夫になっている。妻が夫と上手くいっていれば、妻は子供にそれを求めない。

父親がそれを子供に期待するときには、子供が妻になっている。

つまりこのような期待をかけられる子供の両親は、対等の関係を結べない人々なのである。

子供にあまりにも多くを期待している親は、夫婦関係をもう一度反省してみることである。

子供にあまりにも多くを期待している親は、夫婦関係が破綻している。

つまり「親子の役割逆転」をする父親は、妻に求めるものと、自分の母親に求めるものを含めて全てを子供に求める。親が子供に求めるものは、自分の親や配偶者に求めるものよりは、はるかに質量共に広範囲で深刻である。

それが得られない時の怒りや不満もまた、はるかに激しい。

今、子供の深刻な虐待が増加しているのは良く理解出来る。

5　現実否認する親と子

自我の未確立の心理状態は、日常生活ではどのように表れるのか？

それは合理化したり、現実否認したりする。ロロ・メイの言う不安の消極的回避として表れる。

「親子の役割逆転」をする父親は自信がない。

とにかく現実に直面する勇気がない。困難からはまず逃げる。そして逃げたこととの合理化を図る。

例えば腹を立てて子供を責める。しかし「子供の教育のため」とかいう想像も出来ない嘘を言う。

もちろん嘘を言っても、本人は嘘と思っていない。無意識では嘘と知っているが、意識では嘘と思っていない。それが合理化である。

「親子の役割逆転」をする親は、オーストリアの精神科医ウォルター・ベランウルフの言う退却ノイローゼである。

現実から退却している。人生の戦場から退却している。

それは大きくなってしまった幼児である。とにかく心の葛藤の強い親は現実に直面出来ない。

人は心が荒んでいれば荒んでいるほど、現実から逃げるという安易な道を選ぶ。そして、上手くいかない人生になっていることで人を恨んでいる。人を心の底で憎んでいる。

生きる努力を諦める時は、こんな時である。

生きる努力を諦めた親は「自分ばかりが苦労しているのに、家族は分かってくれない」と、子供を責める。責めることで苦しさから逃げる。

そして「親子の役割逆転」をする親は、勇気がないだけに自分の勇気を誇示する。いつも怯えているくせに、大胆不敵なことを言う。口先だけで実行力はない。

大きなことを言うのは、無意識で自信喪失しているからである。所謂、反動形成である。

先に「親子の役割逆転」をする親は、自分のすることを合理化すると説明したが、合理化と共に現実否認は凄い。

子供は不幸なのに、子供に対して「おまえは幸せだ」と決めつける。子供の不幸という現実を否認する。もちろん自分の不幸も否認する。「私ほど幸せな人はいない」と言い張る。

とにかく「親子の役割逆転」をする親は自信がないから、威張りちらして、人の批判ばかりしている。

先に書いたように、一般的に言えばロロ・メイの言う「不安の消極的回避」をする。

そうした自分の心の葛藤を全てひっくるめて、子供に絡むことで解決しようとする。

子供との関係の中で、全ての心の葛藤を解決しようとするから、凄まじい苛めも起きる。「親子の役割逆転」で親が子供を苛めるすさまじさに比べれば、パワハラなど笑い話にもならない。

自己実現している人は、自己実現の中で矛盾の解決をしている。

自己実現している人は自分の無力感を、サディストになるのでもなくマゾヒストになるのでもなく、自己実現で解決している。

「親子の役割逆転」の問題は、子供に恐怖感を与えることである。

相手をしつこく、いつまでもいつまでも子供を責め苛む。責めさいなむのは、子供を責め続けていない限り、親は自分の欠点から目を背け続けられないからである。

満たされない顔で、いつまでもしつこく子供の些細な欠点を責め続ける親がいる。子供を責めている限り、自分の欠点から目を背け続けられる。

子供を責めるのを止めれば、自分の「どうしようもない現実」に直面しかねない。

親が子供を苛めるのには色々な理由がある。

例えば、「親子の役割逆転」をする父親が、自分自身の父親に認めてもらえるような強い男になりたいと必死になってあがいていた。しかし実際にはなれない。

そうなれば彼は、勤めている会社を小馬鹿にして虚勢を張るしかない。

彼がいつも世間の偉い人を小馬鹿にしているのは、父親に認めてもらえるような「偉大な男」になりたかったけれどもなれなかったからである。

恐ろしいほどの劣等感は、父親に認めてもらえるような男になりたいという願望と、現実の自分とのもの凄いギャップから生じる。

子供に対して常に非現実的なほど高い要求をしていたのは、子供への要求であると同時に、自分の父親に対して「僕はこんなにレベルが高いんだ」と叫んでいるのである。

「親子の役割逆転」をする父親の中には、自分の父親に「僕を認めてくれ」と叫んでいる人もいる。


「親子の役割逆転」をする親は、時に恋人を代理ママにしようとする。しかし挫折する。

誰からも代理ママをしてもらえない人が「親子の役割逆転」を行い、子供を代理ママにして、子どもをノイローゼに追い込む。

しかしこれは本当の代理ママと違い、本質は隠されている。

名実共に代理ママの場合には愛人として社会的に批判されるが、「親子の役割逆転」で隠された代理ママは、子供である。そして親の方は、子煩悩な父親と賞賛される。

隠された「親子の役割逆転」としての親の子煩悩の場合には賞賛される。

要するに「親子の役割逆転」をする親は神経症者であるが、自己認識できていない。人間関係の位置づけが間違っている。

サディストが自分を「愛の人」と思い込んでいる。サディストが「私は世界一の親」と思い込んでいる。


Self-awarenessがない。


「汝自身を知れ」とはよく言ったものである。

まさに「親子の役割逆転」をする親に聞かせたい言葉である。

以前「ＩＱではなく、ＥＱだ」ということが盛んに言われた時代があった。

ＥＱの要は、感情の自己認識である。(註60)

そしてＩＱの能力が発揮される条件はＥＱの高さであるという。ＥＱの能力があって初めてＩＱの能力が発揮される。

心と知性は不可分である。

「親子の役割逆転」をする親は知性が素晴らしいとしても、残念ながら心がない。つまり「親子の役割逆転」をする親の知性は、高くても意味がない。

先の文献によると、ＥＱの高い親の子供は自分自身の感情をうまく処理出来るという。

逆に「親子の役割逆転」をする親は、子供の心を破壊する。


恐ろしさは、サディスト自身が勘違いしているだけではなく、周囲の世界も勘違いしていることである。


メディアはサディストを「子煩悩」と書く。

その犠牲になっているのが子供である。

だから母親が「家庭は、楽しいことばかりで」と言いながら、子供はマンションから飛びおり自殺をする。

時に子供も、意識では楽しいことばかりで、無意識では死ぬほど苦しい。

「親子の役割逆転」では、親子共々、意識と無意識の乖離がある。

親も意識では子供を愛していると思っているが、無意識では子供を殺したいほど嫌いである。

親も子も、メディアも全て現実とは関係のない、錯覚した思い込みの世界で生きているのである。

6　良い子という名の犠牲者

良い子が社会的事件を起こした場合、「良い子」は皆がマイナスの感情をダンプする恒常的な立場になっている場合が多い。

病んだ家族の中にはゴミ捨て場になる人がいる。テキサスウーマン大学のヴァレリー・マルホトラ・ベンツ社会学准教授は「家族の星座」の中にそういう犠牲者がいるという表現をしている。[註62]「星座」という表現が私の気にとまった。つまり家族という構造の中にしっかりとその犠牲者は組み込まれている。

ベンツ氏は、マイナスの感情を「いつも」吐き捨てられる犠牲者がいると述べている。その子はまさに恒常的なゴミ捨て場になっている。

つまりある時にたまたまその子に対して皆がマイナス感情をぶつけるというのではない。家族の中で、その子の役割が「ゴミ捨て場」と決まっているのである。

まさに家族を星座に喩えれば、その星座の中にゴミ捨て場という犠牲者の役割として、「良い子」はきちんと位置付けられている。

そしてさらに恐ろしいのは、そうした上で、その子を犠牲にして生活しているということに皆が気がついていない「ふり」をしているということである。

その子がそうした役割を十分に果たさなければ両親はその子を軽蔑するとベンツ氏は言うが、私は両親ばかりではなく他の家族も、その「良い子」を馬鹿にすると思っている。

つまりその子は「ゴミ捨て場と皆が決めてしまったのである」。そういう意味でその子は家族の一員ではない。良いゴミ捨て場でないと軽蔑される。「良い子」の方もそれを受け入れている。


昔の「良く出来たお嫁さん」というのも、周囲のわがままな人たちにとって「都合の良い人」というに過ぎない。

ずるい人の集まる集団の中で「良い人」と評価されたら、それは犠牲者という意味である。

ゴミ捨て場とは要するに「親子の役割逆転」をしている子供のことである。子供がその役割を演じるからゴミ捨て場なのであって、親が演じればそれはゴミ捨て場ではない。

それは家族を成長させる役割である。それぞれの子供の心の葛藤を解決してあげるのだから。

親がその役割を演じる場合には、家族の気持ちを汲み取ってあげる役割になる。それは指導者の役割である。

一番力のある者がする時には大黒柱になる役割であるが、一番力のないものがする時にはゴミ捨て場になる。

したがって所謂「良い子」は信じられるものがない。常に嘘をついてきたからである。自分の身の安全を守るためにいつも嘘をついてきた。嫌いなことを「好き」と言ってきた。「素晴らしい」と感じたことを「下らない」と言ってきた。

皆親に気に入られるためである。親の機嫌を害さないためであった。

「良い子」はそうして親に迎合してきた。自分が「あいつは卑怯だ」と思っても、親を喜ばすために「あいつは偉大だ」と嘘をついた。

次第に嘘をついているという感覚はなくなる。つまり自分自身の感情を失う。

そうして「親子の役割逆転」をして生きてきた。

自分の感情があり、その自分の感情を正直に表現しても自分の身の安全は保障されている、そこで子供は初めて正直に感情を表現できる。

人を信じられるような子供も、もちろん親から怒られることはある。しかしそうした子供は親の怒りの裏に親の愛情を感じられる。

ベンツ氏の著作に、ある女性について「子供時代のビジネスを済ませていない」(註63)という表現が出てくる。

　まさに彼女は子供時代の仕事を済ませていないのである。その結果が彼女の場合には人への厳しさとなって表れている。

　欲求不満な彼女は子供にも期待が大きすぎる。成績が良くないと子供を責める。それで子供が情緒的に不安定になった。

　彼女が子供を責めるのは、自分が小さい頃責められて育ったからである。勉強しないと責められた、手伝わないと責められた。

　そうして育った彼女は、今度は母親になって、身近な周囲の人を責めているのである。責められて育った人は、大人になって周囲の人を責める。

　皆でその子の悪口を言う。その子を仲間はずれにして苛める。

　何も知らない人は、本当にその子が悪いと思ってしまうことがある。

　苛められる子はダンプの役割を果たしている。

　そして家族のゴミ捨て場となった犠牲者の怒りは、本人が気がつかないうちにもの凄い怒りとなって無意識に溜め込まれている。

　それは不公平という怒りである。自分が不公平に扱われたという怒りはもの凄いが、一切外に表現されないで日々蓄積されてきた。

それが大人になって様々な形で合理化されて出てくる。あるいは擬装されて出てくる。

先に説明した、近い人に対する期待が大きすぎるのもそうである。

それよりも日常生活で、現実には不公平に扱われていなくても不公平に扱われたと感じる。

いずれにしても自分の日々の様々な怒りは、小さい頃からの不公平に扱われた無意識の怒りの蓄積が刺激された結果であるということを意識化しない限り、心の安らぎは得られない。

7　否定されつづけるということ

「親子の役割逆転」という環境で成長した人々はどうなるのか。

もちろん基本的不安感を持つ。

子供が自分の心の葛藤を解決する手助けをするのが親の役割である。それが逆転するのだから、子供が親の心の葛藤を解決する手助けをすることになる。

親は子供の成長を励ます役割を持っているだろう。それが逆転するのだから、具体的に言えば、子供が親の成長を励ますことになる。

そんなこと出来るわけがない。

出来るわけないの役割を背負って生きているのが、「親子の役割逆転」で生長した子供である。

「親子の役割逆転」という環境で生長した人は、良いも悪いも含めて、ありのままの自分を受け入れてもらったことがない。

いつも親から強制された通りの「こうあらねばならない」という自分で「あらねばならない」。「こうあらねばならない」という自分というのは、もちろん情緒的未成熟な親にとって都合の良い人間である。

それも完全にそうあらねばならない。

神経症の親の要求を完全に受け入れなければならないということは、子供にとっては完全にありのままの自分を、自分が否定することでもある。

完全であらねばならない、この完全主義は生涯その人を苦しめる。

完全主義は根底において自殺願望だということが、アメリカの依存症に関する本に書いてあった。(註64)

それを読んだ時に、初めは「なぜだろう？」という疑問を持った。

しかしよく考えてみると、それは当たり前のことである。

「親子の役割逆転」で育てば、自殺したくなるのは当たり前のことである。自殺願望を持たない方がおかしい。

ありのままの自分で自分が許されたことがない。ありのままの自分は完全ではない。子供は親の欲求不満を解消出来るような人間ではない。

しかし「完全である自分」を要求されている。自分は完全な自分でなければ生きている価値がない。

そうなれば「自殺したい」と思うのは人間の自然な感情であろう。

人は、ある人が「自分には親がいない」というと「可哀想に」と言う。誰もが「可哀想」と理解する。

しかし「親子の役割逆転」は親がいないというゼロの話ではない。

マイナスの話である。ゼロなのではなく、苦しめられ続けたのである。励まされたことがないというのではない。自分が励まさなければならないのである。

親に苛められると言うと、これもまた人は「可哀想に」と言う。

しかし「親子の役割逆転」は、苛められた上に周囲の人から「可愛がられた」と誤解される。

神経症の親を「子煩悩」とメディアは誤って解釈するということは度々説明してきた。

つまり「親子の役割逆転」で生長した人は、二重三重の苦しみを課せられる。

人はありのままの自分を肯定されるから心理的に成長していかれる。

無力と依存性は、人間の宿命である。

人はありのままの自分を受け入れてもらえるから、自分で自分を受け入れられる。

ところが「親子の役割逆転」というのはそれを完全に否定される。

大人になっても心の底で、基本的不安感があり、ありのままの自分を受け入れられていない不満と不安がある。何よりもありのままの自分を受け入れられていないという怒りがある。

根源に攻撃性や怒りがあるから、自分や周囲の世界に対する安心感がない。

その結果「このままではいけない」という焦りの心理に悩まされる。

良いも悪いも含めて、矛盾した存在としての自分を受け入れてくれるのは、小さい頃の親しかいない。

大人になって矛盾した存在としての自分を受け入れてくれる人はいない。それでは社会が成り立たない。社会が成り立つためには、やはり良いことは良いことであり、悪いことは悪いことなのである。

人間は矛盾した存在である。しかしマズローが言うように、自己実現している人は矛盾に耐えられる。

その自己実現を完全に否定されるのが「親子の役割逆転」である。

自分の潜在的可能性を実現することなど夢のまた夢の世界である。自分の潜在的可能性ではなく、親の甘えを満たすことが生き延びるための唯一の条件である。

しかしこの悪影響は大人になってから出てくる。

抑圧されたものは、変装して表れてくる。それが理由なき焦りの心理であり、理由なき不安であり、理由なきイライラであり、理由なき不愉快である。

「親子の役割逆転」で生長した人は共同体を知らない。つまり本当の意味での家族を知らない。本当の意味での親子関係を知らない。

これは人間が生きることにおいて決定的なことである。

共同体の体験がないということは「相手がいない」ということである。人と「一緒に」生きるという心がない。

「親子の役割逆転」で生長した人と一緒にいる人は、その人に向かって「私、ここにいるのよ」と叫ばなければならない。

「親子の役割逆転」で生長した人は、小さい頃からいつも一人なのである。誰も自分の気持ちを汲み取ってくれる人はいなかった。

朝起きれば耳に聞こえてくるのは要求である。「こうしろ」「こう感じろ」「こう言え」「こう思え」という要求である。

その結果が、そう出来ない自分に対する怒りである。自分はいつも焦っている。

そして親から要求されたように思い、要求されたように感じれば、受け入れてもらえる。要求そのものが矛盾しているのだから完全に受け入れられるわけがない。それでも受け入れようと頑張る。

その結果、コミュニケーション能力を失う。

こうして「親子の役割逆転」で成長した人は幸せになる能力を失う。

逆に言えば無意識では常に「孤立と追放」に怯えている。

自分でない自分で生きているからいつも焦って疲れ果てている。つまり根底には怒りがある。

当たり前のことであるが、感情が枯渇する。

アレキシサイミア（alexithymia）になる。アレキシサイミアとは失感情症と言われるものである。

アレキシサイミアとは感情がないのではない。感情を把握して、それを表現できないのである。感情の自己認識能力が欠如していることである。

自分自身の感情を認識することが怖い。それが養育者の期待する感情と違ったらいつまでもいつまでもじくじくと責められる。心理的に殺される。だから自分自身の感情が怖い。

迎合することで保護される。よく言われる「保護と迎合」というような生易しいものではない。生きるか死ぬかの選択である。

迎合というのはまだ自己不在であるが、相手の要求に「嫌だ」という意識はある。

しかし「親子の役割逆転」で生長した人には「嫌だ」という意識はない。全て親の望む人間になることが生き延びる条件なのである。

感情があったら、「親子の役割逆転」という環境の中で長年にわたって生き延びることは出来ない。

カレン・ホルナイの言う自己蔑視の三番目の特徴として「虐待を許す」というものがある。典型的な例は「親子の役割逆転」の子供である。親にやられっぱなし。

要するに「親子の役割逆転」で成長した子供は「やられっぱなし」である。

したがって「親子の役割逆転」で成長した人には、心の帰る家がない。それは内面の地獄である。

「親子の役割逆転」をされた人は、徹底的に自己否定された人である。

大人になってから、その反動形成として徹底的な自己肯定をする場合がある。しかしこの自己肯定は反動形成であるから、本当の自信ではない。

とにかく「親子の役割逆転」の中で成長した人は、徹底的に自己否定を強いられた。

具体的に言えば、励まされることが必要な時に、親を励ますことを強要された。自分の気持ちを汲み取ってもらうことが必要な時に、親の気持ちを汲み取ることを強要された。

大人になって自己否定の反動形成が完全主義、神経症的野心、復讐心となって表現されてくることがある。

それにしても「親子の役割逆転」の環境の中で生きてきた人は、自己否定を強いられる中で今日まで生きてこられた。

これは凄いことである。

8　幸せになるために

「親子の役割逆転」の中で成長した人は、完全に自己否定されながら「私は誰よりも愛されている」と思うことを強制されて生きてきたのである。

それはコミュニケーション能力を完全に破壊されていることである。

つまり「親子の役割逆転」で生長した人は最悪の基本的不安感を持っている。

子供は親から責められ続けるから、自責の念が出る場合も多い。常に自分が悪いという感じ方をしている。それが安売り依存症につながる。ずるい人の良いカモになる。

彼らの中には基本的不安感を克服しようと強迫的名声追求に走る人もいる。それは名声依存症である。名声を得れば屈辱を晴らせると思う。

ワーカホリックになる人もいる。仕事をしないではいられない。名声追求や仕事に必死で努力していれば、不安から目を背けていられる。

劣等感の深刻な親は子供が社会的に成功することを要求する。

しかし親自身は成功していないから、社会的に成功することは価値のないことであるという強力なメッセージを子供に与える。

子供は価値のないことを達成するために死にものぐるいの努力を強いられる。

子供はその矛盾したメッセージを与える親に心理的に依存している。

その子は親の心の中の矛盾をそのまま取り入れる。そこには正常な感情が働く余地は全くない。

これもまたコミュニケーション能力の喪失を意味する。心の支えがないことにつながる。

「親子の役割逆転」という環境で生長した人は、空洞の中で生きている。つまり全く自分の意志がない自己疎外の状態である。意志があったら生きていけない。

生きている実感はない。生きている実感があったら生きていけない。

働いても働いても、働いているという実感はない。そこでどうしても「働いた」という見える結果が欲しい。業績を通して「働いた」ということを確かめたい。

過程が大切だということには間違いない。しかし自己疎外された人に重要なのは結果でしかない。

自分に無理をして親の望むことをすることで、子供は自分も親も嫌いになる。

子供は親の期待に添うように、自分がしたくないことをする。その結果、子供は親も自分も嫌いになる。

子供は自己実現を断念するという犠牲を払うことによって親と自分が嫌いになる。もちろんこれは無意識で起きていることである。

「親子の役割逆転」をされて生長した子供はどうしても人間嫌いになる。誰も彼もが嫌い。そして深刻な劣等感に悩まされる。

とにかく自分は親から嫌われているということを無意識で知っている。しかし意識の上では「愛されている」と思い込んでいる。

それは親を「愛情深い親」と思わなければ罰せられるからである。これもまたコミュニケーション能力の喪失につながる。心の支えがないことにつながる。

「親子の役割逆転」をする親は、子供に対して拒否を受容と受け取るように命じる。親は自分の敵意を子供が察知することを禁じる。察知する兆候が見えれば、親にとっては大変な危険であるから子供を激しく責める。

親は自分のパーソナリティーの中に矛盾を含んでいる。その矛盾の解決を子供に求める。それは、親が子供に「分離とつながり」の両方を強制することである。不可能である。

この不可能を可能にしなければ罰せられる。

親は子供が自分に近づくことを拒否する。しかし遠ざかることも拒否する。親は自分が好かれることを求めながら、実際に好かれるとなると拒否する。好きという感情の対象であることを子供に求めつつ、同時に子供から好かれることを拒んでいる。

子供が自分を見失うのは当たり前のことである。

「親子の役割逆転」をする親も、「親子の役割逆転」で生長した子供も、共に自分を見失っている。そうして共に離れられない。

要するに「親子の役割逆転」で生長した人は、コミュニケーション能力を喪失している。心の支えがないことにつながる。つまりまとめて言えば、生きることの幸せを感じたことはない。

解決はただ一つ、離れることである。

そして離れるために必要なことは、子供の方が本当に好きな人を捜し当てることである。子供は好きな人が出来れば、親から離れられる。

もちろんすぐに直線的に出来るものではない。様々な親子の葛藤の末に別離にいたる。

解決法としては、人の違いを楽しむ様になれればベストである。

つまり、世の中にはこんなに心の葛藤の深刻な人もいるのだ、逆にこんなに心が安定している人もいるのだと、人の違いを楽しむ。

動物園で動物を見て楽しむように、世の中で様々な人間を見て、その違いを楽しむ。

人を見る時に、権力やお金でなくパーソナリティーで見る。これが幸せになるための基本的態度である。

これが出来るようになれば、不幸にも青年期まで「親子の役割逆転」で生長しても、晩年は幸せになれる。

あとがき

「親子の役割逆転」をしている親子は親子共々心理的にかなり病んでいるから、別れることは難しい。しかしどこかで別れなければならない。

アメリカでは六万人の子供が両親の手で殺されたり、深刻な暴力を受けていると推測される。(註65)

こう言うと凄いことだと思う。しかし殺されないままに弄ばれているとしたら殺されるよりも、もっと深刻なことである。

神経症的「親子の役割逆転」は、殺される以上のことかもしれない。

しかしこちらの方はそれほど注目されない。

アメリカの名言集に「今日父親は友人である。なぜなら彼等が父親である勇気を持っていないからである」という文章があった。

確かに今日、多くの父親は父親である能力と意志を持ち合わせていない。多くの男は、自分は父親だから父親でなければと努力している。しかし心理的能力として父親であることに無理がある。

父親であろうとして父親になれていない男は日本には多い。それは自分がまだ心理的に子供だからである。父親になれるまでに心理的に成長していない。

だから子供と一緒に遊んでいるよりも仲間と一緒に遊んでいたい。まだ高校生と同じである。

父親が父親でなければ家庭は家庭にならない。

そして今の日本では母親も同じである。

父親になれない男と母親になれない女が家庭を作っているから、子供が次々に問題を起こすのである。

「今の日本では」と書いたが、もしかすると「今の世界では」と書いた方がよいのかもしれない。

今の世界の混乱は、「親なき社会」が本質的な原因である。人間が根源的に求めているものが得られないのが現代である。

ニーチェが叫んだように、まず「神が死んだ」、そして今その上に人間は「親を失った」。

親が親でなくなった時代の不安から人々は、道に迷ってしまった。

「父なき社会」というテーマはかつて問題になったことがある。(註66) しかし今は「強い父親」を失ったばかりでなく、「優しい母親」も失った。

そして時代は幼児化し、トランプ現象が現れた。トランプ現象を政治的・経済的な視点からばかり捉えても正しい解釈にはならない。

テロリストのエネルギーは母親固着のエネルギーである。世界に右翼が台頭する傾向にあるのもまた、母親固着の傾向である。

「神」と「親」の問題を抜きに、現代の世界の思想状況を正しく論じることは出来ない。

この本は単に欲求不満な親の心理の解説書ではない。その心理を理解することが世界を理解することに通じるという問題意識の下に書かれている。

この本が世界の混乱の根源を理解するための一助になることを願っている。

この本は中村由起人取締役、永上敬編集長の指導の下に、自著『人生は捉え方しだい』に続いて井上晶子氏にお世話になった。

■註

註1　John Bowlby, Separation, Volume 2, Basic Books, A Subsidiary of Perseus Books, L.L.C.（1973）p.278／黒田実郎、岡田洋子、吉田恒子訳『母子関係の理論　Ⅱ分離不安』岩崎学術出版社（１９７７年）２９４～２９５頁

註2　前掲書、２９７頁

註3　前掲書、３０６頁

註4　前掲書、３０７頁

註5　前掲書、２９５頁

註6　Abraham H. Maslow, Toward a Psychology of Being, D. Van Nostrand Co., Inc.（1962）p.43／上田吉一訳『完全なる人間』誠信書房（１９６４年）60頁

註7　Karen Horney, Neurosis and Human Growth, W. W. NORTON & COMPANY（1950）p.18

註8　I bid., p.18

註9　I bid., p.18

註10　I bid., p.18

註11　Rollo May, Man's Search For Himself, W. W. NORTON & COMPANY（1953）／小野泰博訳『失われし自我を求めて』誠信書房（１９７０年）２６９頁

註12　Karen Horney, Neurosis and Human Growth, W. W. NORTON & COMPANY（1950）p.195

註13　Erich Fromm, The Heart of Man, Harper & Row Publishers, New York（1964）／鈴木重吉訳『悪につ

いて』紀伊國屋書店（１９６５年）１３２頁

註14　前掲書、１４０頁

註15　前掲書、１４０頁

註16　Karen Horney, Neurosis and Human Growth, W. W. NORTON & COMPANY（1950）p.195

註17　Erich Fromm, The Heart of Man, Harper & Row Publishers, New York（1964）／鈴木重吉訳『悪について』紀伊國屋書店（１９６５年）１３１〜１３２頁

註18　前掲書、１３２頁

註19　前掲書、81頁

註20　前掲書、95頁

註21　Karen Horney, Neurosis and Human Growth, W. W. NORTON & COMPANY（1950）p.40

註22　Abraham H. Maslow, Toward a Psychology of Being, D.Van Nostrand Co., Inc.（1962）p.60

註23　I bid., p.60

註24　I bid., p.60

註25　John Bowlby, Separation, Volume 2, Basic Books, A Subsidiary of Perseus Books, L.L.C.（1973）p.278／黒田実郎、岡田洋子、吉田恒子訳『母子関係の理論　Ⅱ分離不安』岩崎学術出版社（１９７７年）２７１頁

註26　Karen Horney, The Neurotic Personality of Our Time, W. W. NORTON & COMPANY（1937）p.69

註27　Karen Horney, The Unknown Karen Horney, Edited by Bernard J. Paris, Yale University Press（2000）p.30

註28　John Bowlby, Separation, Volume 2, Basic Books, A Subsidiary of Perseus Books, L.L.C.（1973）p.278／黒田実郎、岡田洋子、吉田恒子訳『母子関係の理論　Ⅱ分離不安』岩崎学術出版社（１９７７年）２７１頁

註29　前掲書、２７１頁

註30　前掲書、２７１頁

註31　前掲書、２１７頁

註32　Karen Horney, The Unknown Karen Horney, Edited by Bernard J. Paris, Yale University Press (2000) p.127

註33　George Weinberg & Dianne Rowe, Will Power!, St. Martin's Press, New York（1996）pp.138-151

註34　Karen Horney, The Unknown Karen Horney, Edited by Bernard J. Paris, Yale University Press (2000) p.126

註35　I bid., p.127

註36　I bid., p.127

註37　Erich Fromm, Man for Himself, Fawcett World Library, Inc.（1967）p.60／谷口隆之助、早坂泰次郎訳『人間における自由』創元新社（１９５５年）30頁・80頁

註38　Manes Sperber, Masks of Loneliness, Macmillan Publishing Company（1974）p.180

註39　Ellen J. Langer, Mindfulness, Da Capo Press（1990）／加藤諦三訳『心の「とらわれ」にサヨナラする心理学』ＰＨＰ研究所（２００９年）252頁

註40　George Weinberg, Self Creation, St. Martin's Press New York（1978）／加藤諦三訳『自己創造の原則』

三笠書房（１９７８年）90頁

註41 Rollo May, Love and Will, Dell Publishing Co., Inc.（1969）／小野泰博訳『愛と意志』誠信書房（１９７２年）１０９頁

註42 前掲書、４０４頁

註43 前掲書、４０４頁

註44 Karen Horney, Neurosis and Human Growth, W.W.NORTON & COMPANY（1950）p.21

註45 George Weinberg, Self Creation, St. Martin Press Co., New York (1978)／加藤諦三訳『自己創造の原則』三笠書房（１９７８年）91頁

註46 前掲書、91頁

註47 前掲書、91頁

註48 R. D. Laing & A. Esterson, Sanity, Madness and the Family／笠原嘉、辻和子訳『狂気と家族』みすず書房（１９７２年）１２１頁

註49 Karen Horney, The Unknown Karen Horney, Edited by Bernard J. Paris, Yale University Press (2000) p.22

註50 I bid., p.129

註51 I bid., p.127

註52 I bid., p.126

註53 I bid., p.126

註54 I bid., p.126

註55　Rollo May, The Meaning of Anxiety／小野泰博訳『不安の人間学』誠信書房（１９６３年）２４１頁

註56　前掲書、２４３頁

註57　前掲書、１１６頁

註58　前掲書、１１５頁

註59　Karen Horney, The Unknown Karen Horney, Edited by Bernard J. Paris, Yale University Press (2000) p.127

註60　John Bowlby, Separation, Volume 2, Basic Books, A Subsidiary of Perseus Books, L.L.C.（1973）／黒田実郎、岡田洋子、吉田恒子訳『母子関係の理論　Ⅱ分離不安』岩崎学術出版社（１９７７年）２７１頁

註61　Daniel Goleman, Emotional Intelligence, Bantam Books（1995）／土屋京子訳『ＥＱ』講談社（１９９６年）78頁

註62　Valerie Malhotra Bentz, Becoming Mature, Aldine de Gruyter（1989）

註63　I bid., p.3

註64　Marion Woodman, Addiction to Perfection, Inner City Books（1982）p.52

註65　Muriel James, Dorothy Jongeward, Born to Win, Addison-Wesley Publishing Company（1971）p.197

註66　土居健郎『「甘え」の構造』弘文堂（１９７１年）１８４頁

著者略歴

加藤諦三 かとう たいぞう

1938年、東京生まれ。東京大学教養学部卒業、同大学院社会学研究科修士課程修了。現在、早稲田大学名誉教授、ハーヴァード大学ライシャワー研究所客員研究員。2016年11月、瑞宝中綬章受章。ニッポン放送系列にて「テレフォン人生相談」パーソナリティーを半世紀近く務めている。近著に『なぜ、あの人は自分のことしか考えられないのか 「ナルシスト」という病』(三笠書房)、『「自分の働き方」に気づく心理学 何のために、こんなに頑張っているんだろう…』(青春出版社)、『劣等感がなくなる方法 人生が変わる心理学』(大和書房)、『人生は「捉え方」しだい 同じ体験で楽しむ人、苦しむ人』(毎日新聞出版)などがある。

子供《こども》にしがみつく心理《しんり》

大人《おとな》になれない親《おや》たち

第1刷 2017年3月25日
第2刷 2022年4月15日

著者 加藤諦三《かとうたいぞう》

発行人 小島明日奈

発行所 毎日新聞出版
〒102-0074
東京都千代田区九段南1-6-17 千代田会館5階
電話 営業本部 03-6265-6941
図書第一編集部 03-6265-6745

印刷・製本 図書印刷

ISBN978-4-620-32355-8